JN273971

冤罪司法の砦！

ある医師の挑戦

奈良医大贈収賄事件

医師
石田文之祐

現代人文社

冤罪司法の砦！　ある医師の挑戦

――奈良医大贈収賄事件

はじめに

二〇〇六（平成一八）年一月、最高裁の「上告棄却」により私の懲役一年六月、執行猶予三年の有罪判決が確定した。予想されたことではあるが、現実の重みは、予想とはやはり違ったものであった。

私が関連したとされる「事件」が問題とされて、今年（二〇〇七年）で七年が経過したことになる。一審で無罪を主張し、控訴、上告を経て終結を迎えたわけだが、私の周りの人達のほとんどは最初から上訴に反対していた。

硬直化したままの裁判の下でまともな判決は期待できない、時間と労力の無駄になるだけだというのが、彼等の意見である。

時間と労力という経済観念で割切ることが冷静で合理的な判断だという考えも解る。しかし自らの無《む》辜《こ》を信ずる限り、有罪を受け入れて闘わないのはやはり逃避に思えて仕方がない。よほどのひねくれ者や恵まれない人の場合を除いて、上訴や再審の道を選ぶのが市民なり遵法者の真《ま》っ当《とう》な選択であるはずではないか。そして何より、私には裁判という司法制度への信頼と期待があった。

私は決して品行方正な人間でないし、「正義」の看板を高々と掲げて闘えるような人間でもないことも、承知しているつもりである。また取調べの中、微罪ながら有罪とされても仕方がない具体的な事実も出てきた。ただ、今回検察によって起訴された公訴事実について無罪であると確信しているにすぎない。

検察に立件され公判の審理を受けて以来、私は私の行為の有罪性の根拠を求めて手探りの活動を始めた。

書店で関係書籍を探し、時あたかも司法制度改革を喧伝する公開討論、研究集会、講演会が盛んに開催されており、私はそれらの集会に頻繁に足を運んだ。いわば門外漢が日本司法の探検を始めたと言ってもいいだろう。しかし法曹三者が主催する集まりは、裁判員制度の普及宣伝に徹するのみで、なぜ司法制度改革が必要なのかというような問題提起も、日本司法の問題点を克服するような議論もなされなかった。私はしばしば席を蹴って退場した。

現代日本の司法を批判した本は書店に夥しい。なぜ、私のした行為が有罪の審理の対象になって大仰な手続や所業が繰り返されるのか。腹立たしさもあったが興味もあった。これらの本によって司法、ことに刑事司法の実態が私なりに明らかになってきた（これらは参考文献として各章末にまとめた）。現代司法の惨状を知って、私は私の有罪を納得した。有罪を肯定したという意味ではない。冤罪産生の過程（メカニズム）を理解したのだ。

司法は表向きには、「三権分立」「黙秘権」「推定無罪」「公判中心主義」「当事者主義」「予断の排除」等々、麗々しく飾られた建前を謳う人権尊重の世界であるが、実態は建前とはあまりにもかけ離れた未開拓の荒地だった。

司法の世界はまさに惨状であり、信じられない怠惰・蒙昧・不正義の世界だと思う。

惨状の最たるものはもちろん冤罪であるが、これによく似た悲劇がある。北朝鮮による拉致被害である。横暴な司法権力によって冤罪の罪を被せられた被疑者や被告人は、拉致被害者と同様、不幸または不運である。自国と他国の違いはあっても共に国家権力による人権侵害である。しかし不幸なのはこれらの被疑者・被告人や拉致被害者だけではないだろう。そんな国家権力を戴いている国民全てが人権を侵害されていると考えるべきだ。なぜなら、同胞や同じ国民・市民に不当な権利の侵害を許さないのが市民の権利であり、責任であり、矜恃であるはずなのだから。拉致も冤罪も、犠牲者は少数ではある。しかしこれは「たまたま、自分は被害者でなかったから」ですまされる問題ではない。隣人の深刻な問題は同じように自分の問題でもある。どちらも全市民や全同胞に対する人権侵害であるという認識を持たなければならない[1]。

私が法廷で喋ったことを、裁判官は信用できないと言う。虚偽だと判決は言う。なるほど確かに、私が署名した供述調書の内容と法廷での私の発言は必ずしも同一であるとは言えない。だが取調べ中の供述調書は、私の署名があるとはいえそれはあくまでも検察官の作文であり、文責は検察官にある。勿論、「供述調書作成」の共同作業者としての私の責任は大きい。しかし妥協や迎合も当然考えられ、しかも長期勾留という異常な抑圧状態の下、全く虚偽だと意識しつつも署名捺印せざるを得ない場合すらある。つまり供述調書には、被疑者の供述がそのまま記述されてはいない。それに対し法廷では被告人の発言はそのまま記録される。そこに部分的な間違いがあったとしても、それは誤字など単なる技術的なものにすぎない。

しかし、裁判官は取調べ中の検察官作成の供述調書は信用できても、法廷での本人の発言は信用できないと言う。この根拠はなんだろう。

武士道にいう。

武士の約束は通常、証文なしに決められ、実行された。むしろ証文を書くことは武士の面子が汚されることでもあった。これは言葉の重みについて言ったものだ。私は、心に反して、恥辱と怒りと裁判への期待を心に押し込んで、検察官の作った供述調書(検面調書)に渋々署名しなければならなかった。事情は本文に述べる通りである。しかし取調べ中の供述調書と違うという理由で裁判官が被告人の公判での発言を信頼しないのは、どういう根拠があるのだろう。

勾留四二日間の中でとられた検察官調書を全面的に評価し、五年間、一人の被疑者が誠実に、できる限り正確にと心掛けて公判で話したことを信用できないという裁判官とは、一体どんな人種だろう。彼らも日本人か。

幕末から明治初期に日本を訪れた外国人の旅行記や回想記の多くは、日本人の勤勉・好奇心と並べて徳の高さを報告している。伝統的な遺産を受け継いで、私と同年代の者の祖父母はどこの家庭でも、「嘘は泥棒の始まり」「弱い者苛めをするな」等と教えた。つまり私達の子供の頃は「恥の文化」が確かに生きていた。私も炬燵の中で、祖母の膝の上でそんな話を何度も聞かされた。ところが裁判官は、傍聴席で多数の病院職員も聴いている公判で私が喋ったことを「信用できない」という。つまり嘘だと断定してしまった。祖父母や父母も辱めを受けたような衝撃を受けた。法廷で正直に話したつもりの私は限りない嗔怒と疑念で彼等を観察するようになった。

どんな被疑者でも、法廷では本当のことが喋れるという期待を持っている。それほど検察の取調べは一方的で押しつけである。

不本意な調書をとられた被疑者が、勢い込んで法廷で発言するのは当然だと思う。しかし一審・二審の判決はいずれも私の弁明を信用できないと打ち棄てた。法廷での発言を信用しないのなら公判は必要ない。公判の審理には意味がなく裁判官が検察官の主張を丸呑みすることが判っていれば、被疑者にもまた供述調書に対する別の対応があるだろう。公判での主張に意味がないなら、法廷は単なる茶番というべきだ。

一審有罪、控訴棄却、上告棄却。私はどうすべきだろう。

被疑者・被告人は孤独である。第三者は逮捕・勾留の事実と裁判の結果には興味を持っても、審理の正当性についてまで興味を持つ人はいない。日本の司法を盲目的に信じてしまっている人は数多い。私は空しい説明と弁明を延々と続けなければならない。

カフカの小説『変身』を読まれた読者もおられるだろう。周りの人達の様子や考えが解っても、自分自身が語りかけることはできず、自分の意思を受け止めてくれる人はいない。要するに、「他」を意識する限り、被疑者・被告人は依って立つ基盤がない。自分だけの世界で、自らの価値観を構築する以外に縁《よすが》はない。

私は裁判の結果を受け入れず、ここでも無罪を主張する。これは冤罪の告発に他ならない。冤罪は大いなる社会的犯罪であり、国家権力の過誤である。

私は降りかかった災難を避けたくない。多くの人達が闘って敗れていったように、私も闘わねばならない。それが私の人生だと思う。

かつて、医学部在学時代に医学部の闘争があった。政治音痴の私は気が進まなかったが、二〇世紀に生きる医学生として時代の課題を避けて通ることをよしとできなかった。最終的には、能力としてはとても十分とは言えないのに、責任者としての自覚を持つまで闘うことになった。私たちが闘った医学部闘争は、インターン制度改善運動で始まりインターン制度完全廃止で終結してしまった運動であった。これは四〇年もたって臨床研修制度として結実する。しかし私たち当時運動に参加した者は、単なる「跳ね上がり」

であったり「危険分子」でしかなかった。父母や親戚にも心配、迷惑をかけたと思う。当の私自身も、縁談・就職等でいろいろと不本意な評価を受けた。しかし、私には歴史に生きたという秘かな満足感がある。市民は降りかかってくる歴史の課題を避けてはいけない。

世に冤罪についての記録・報告書は数多くあるが、本人が直接記述し、裁判官の判決文をそのまま俎板《まないた》に載せたものは意外にも少ない。もとより、全くの素人である私が法律的な問題を取り上げてもあまり意味はないだろう。しかしたとえ素人であっても、予期せぬ事件に巻き込まれた一市民が現実の司法の欺瞞と格闘しなければならなかった事情を、当事者として開陳することは意味があるのではないか。気掛かりは関係者にふりかかる迷惑だ。これについては、手を合わせて許しを乞う以外にない。私の本意は裁判官と司法制度の糾弾にあることを理解してほしい。

私は今、司法探検の最中に出会った「陪審制度を復活する会」(http://www.baishin.sakura.ne.jp/)の諸先輩に導かれて、少しずつ司法の勉強を始めている。立件されて、私が模索の中で初めて出会った、「他」を意識しても縁《よすが》となり得る人達である。

今、司法は裁判員制度導入に向かって動いている。しかしこれによって日本の司法の根本的な欠陥が正されるとは期待できない。むしろ形だけの市民参加をつくり上げ、公務員(官僚)裁判という滑稽で大がかりな儀式の延命に手を貸すのみのように思える。なぜならそこには司法の実情を正しく把握しこれを反省したり批判する姿勢はなく、したがってそれを克服するための改革の視点もないからだ。

おもしろいことを言った人がいた。曰く、裁判制度はハードであり刑事訴訟法はソフトだと。今回の改革では、市民参加の看板の裏で、更に裁判制度は衰退するだろう。

刑事訴訟法とその運用が変わらなければ、真の司法改革の意味はない。しかし、いつか来る将来のまともな司法改革にこの記録が一片の貢献でもできることを密かに願って、私は誠実に筆を進めてみようと思う。

[1] 下村幸雄『刑事司法を考える』(勁草書房、一九九二年)七頁。

目次

第五部　判決文

※本書中の傍線・傍点は、いずれも著者が付したものである。
※刑訴法により、開示された証拠の複製等の使用が制限されるため（同法第二八一条の三〜第二八一条の五）、本書中で供述調書を紹介する際には、その内容を変えずに作成した要旨を用いた。

序章

二〇〇〇（平成一二）年一一月一日、奈良県立医科大学の名誉教授が大阪地検特捜部に収賄容疑で逮捕された。教授時代に部下の医師を大阪の私立病院に派遣した見返りに病院から現金を受け取っていたとの疑いである（写真は、名誉教授逮捕を報じる同日付朝日新聞夕刊一面）。

朝日新聞
夕刊
奈良県立医大
名誉教授ら逮捕
医師派遣巡り私立病院長から280万円
大阪地検特捜部
贈収賄の疑い
米朝ミサイル協議再開
大統領訪朝へ詰め
架線事故、75本が運休
通勤客ら6万人影響

中小病院にとって医師の確保は昔からの大きな問題である。医師不足の中、医師を獲得し勤務を続けてもらうことは病院存立の基盤だからである。医師確保には色々な方法があるが、その有力な方法の一つとして、大学医局から医師を派遣してもらうというやり方がある。その際、病院側から医局やそれを取り仕切る教授へ何らかの「お礼」が渡ることも珍しくはない。「お礼」には固定したルールがあるわけでなく、まったく教授個人への「ポケットマネー」として渡すものから大学や教室・医局への研究費や寄附とするものまで、教授や大学の事情によって様々である。いずれにせよ医療界では長い間、その善悪は別としてこのようなことが普通のこととして行われていた。大阪地検特捜部はこの医療界の「因襲」に対し、タレコミをきっかけに初めて贈収賄という尺度で切り込んだのである。

地検特捜部が動いた以上、事は名誉教授一人、民間病院の院長一人の逮捕では収まらないと言われていた。大学内部、関連病院共に「容疑者」は広がった。最終的に起訴されたのは「収賄」側の奈良医大内では三人の教授・元教授、「贈賄」側は民間病院の三人の理事長・院長だった。その中に医療法人気象会の理事長を務める私も含まれている。この他、奈良県職員五〇名が処分されている。

個々の病院間に連絡はなく、まったく別の事件であるため裁判も別々に行われたが、全ての裁判で「贈賄」側は有罪となった。個々の事情は様々で、贈賄罪が成立するかどうかはもちろん個別に判断されるべきである。私は無罪を確信していたが、現実問題として地検特捜部が動き起訴した社会的大事件で、一つだけ（でなくてもよいが）無罪にするわけにはいかない、との意見は私の周りにも多かった。

有罪となった病院関係者の中で最高裁まで争ったのは私だけだった。

他の被告人たちが控訴しなかった理由は様々だろう。本当に贈賄の意識を持ち、後ろめたいカネとして渡していた人もあっただろうし、逆に無実を主張しつつも執行猶予付きの一審判決と訴訟続行のコストとを天秤にかけて控訴を断念した人もあったはずである。現に私も「執行猶予が付いているんだから、よしとすればいいじゃないですか。続ければお金がかかるだけですよ」と、ほとんどの人から控訴（そして上告）を反対された。

しかし私は上訴にかかる負担よりも私自身の真実を通すことを優先し、訴訟を続けたのである。

第一部　奈良医大贈収賄事件

第一章　事件経過

一　東朋香芝病院開設と医師派遣（起訴第一事例「月々の振込」の顛末）

◎東朋香芝病院

二〇〇六（平成一八）年は医療法人気象会の二五周年記念の祝賀会の年であったから、一九九六（平成八）年といえば設立から一五年たった頃ということになる。法人名の「気象」は「万物の生命のきざしと形」として古事記前文に使われていた言葉を借用した。ただし、法人格を獲得したのはそれに先立つ数年前のことである。その一九九六年二月頃、奈良県香芝《かしば》市にある休院中の病院を買わないかという話が持ち上がった。はじめ当会はこの話にあまり乗り気ではなかった。当時気象会は既に大阪市都島区に一〇〇床規模、大阪府八尾市にもほぼ同規模の病院を持っていたが、その経営状態はとても自慢できるものではなく、毎日の診療活動を何とか遂行している状態だった。そこにさらに大規模な発展を計画するような潤沢な資金と人材はないと考えていたのだ。むしろ大阪周辺の某都市に比較的小額の購入資金と運転資金で手に入りそうな病院があるという話の方に乗って、そちらの購入を急いでいた。ところが結局その病院は他に取られてしまい、それならということで香芝の話に乗せてもらうことにした。

私は元々「当たって砕けろ」式は好きでない。乗り気でなかったのなら香芝の話も見送ればよかったではないかと言われるかもしれないが、病院にはそうもいかない事情があった。

近年、病床数の増加が医療費を食いつぶし、国の予算編成上、重大な問題となってきている。医療費抑制のため病床規制、病院再編成が始まり、中小病院は一部の例外を除いて質的量的な転換が避けられない課題となってきた。

その流れの中で当会もある程度の病床を確保し、病院を作り変える必要に迫られていた。つまり新たな病院購入は生き残りのためであり、単なる規模拡大といった気楽な話ではない。積極策というよりやむを得ない防衛策の一環であった。

実はこの香芝の病院は二〇年くらい前に私自身が一〇カ月ほど勤務していた病院で、院長もよく知っている人であった。気象会の二つの病院に較べて立地条件も良く建物も立派で、私から見れば眩しいような病院であった。「当たって砕けろ」とそれほどの期待もなく取引銀行に挨拶に行くと、意外にも支店長は乗り気になって前向きに検討すると言ってくれた。

結局、この病院は一九九七(平成九)年四月に気象会東朋香芝病院として開院できることになった。

◎医師確保の必要性

病院が開院するにあたって直面する最も大きな問題の一つに、医師確保がある。東朋香芝病院は当初ほぼ一般募集の医師のみで開院したが、いつまでもそのままではいかない。というのも、一般募集の医師は価値観、人格、行動様式、背景があまりにも多彩で能力も千差万別である。加えて慢性的な医師不足で業界は売り手市場であって、市中の中小病院がそれなりの採用基準を保ち一定水準の医師を確保することが難しくなっている。そんなことを言っていては医師が集まらないのだ。特に新規開業の場合はそれが著しい。

安定的な医療活動を維持するにはやはり同クラスの他の病院と同様、大学関係に医師派遣を依頼しなければならない。大学は医師の質がある程度保証されており、一般募集にかかる採用手続きの煩雑さも省くことができる。

東朋香芝病院では、地理的なことを考えても奈良県立医科大学（奈良医大）を中心に依頼しなければならない。奈良医大は近鉄電車で約一五分、車でも渋滞がなければ約二五分の距離であるから、大学にとっても都合がよいはずである。

◎医局

医科大学や医学部には、一般には解りにくい「医局」という組織がある。大学病院でも市中の病院でも、事務員が作業する事務室、看護師の働く看護詰所があるように、一般医師のための大部屋を指す医局という呼称もあるが、ここでは医療界独特の組織としての医局について付言しておきたい。

正式の大学の組織は、専門別に内科学教室や外科学教室などがあり、それぞれの教室に教授、助教授、講師、助手といった職種がある（制度が変わって、現在では教授、准教授、講師、助教、助手という）。さらに教室には、給与の支給がなく学費を払ってここに参加している大学院生、研究生、専修生といった医師も集まっている。

また、これら教室の構成員に加えて、教室ＯＢや、あるいは業務や身分的な繋がりがなくとも教室員と接して情報交換や医療上の相互援助をする医師を含めた、より範囲の広い集団が形成されている。この任意の私的集団を「医局」といい、その中心が各々の教室にあるとされている。つまり医局は大学の公式の組織ではない。

医局は外部の病院と密接に結びついて人事交流を図っている。有給の教室員が内部規定により兼業（アルバイト）を認められて外部の病院に出かけることもあるが、特に無給の医師の多くは生計を立てるために外部の病院に期間を区切って勤務したり、定期的にあるいは不定期的に短時間の勤務の場を外の病院に求めている。この外部の病院を通常「関連病院」という。

市中の病院は、医局に関連病院として認めてもらえれば医師確保がその分容易となり、大変なメリットとなる。しかし医局と繋がりを作ることはそんなに容易なことではない。

◎日本の医師派遣の実情（医局と関連病院）……………………………………………

ここで医師派遣の実状についても少し説明しておきたい。

かつては医学部教育六年を終えると一年間のインターン制度があり、その後、医師国家試験を受けて医師免許が交付されていたが、インターン制度が名実共に廃止されて以来、医学部六年の教育修了直後に医師国家試験が実施され、卒業生の多くが医師となることになった。彼らは法律上は医師となるが、社会で独り立ちして活躍するには経験不足のため、その多くは先輩医師の多く集まる大学病院その他の基幹病院に勤務することになる。

近年は民間でも大規模病院が増えたため、全く大学中心という構造は少しずつ崩れてきている。しかし、大学病院にしても市中の大病院にしても基幹病院だけで全ての医師を受け入れるのは困難で、医師派遣を望む多くの中小病院と主として大学病院との間でいろいろな形で交流が行われている。教授、准教授、講師等の上位の教室員は少ないが、下位の助手、無給で授業料を払わなければならない大学院生、研究生、専修生と下位になるほど「外回り」とか「出張」と称して「関連病院」に派遣されることが多くなる。非常勤の形もあるし、常勤の場合もある。派遣してもらう病院側には教育環境が整っていないので、派遣される医師は実地修練以上の期待はしていないし、病院側との話し合いも労働条件についての話がほとんどで教育内容についての話し合いはほとんどなされない。

しかし市場の原理に従って報酬が支払われるので、大学の薄給・無給の医師にとって関連病院での勤務は重要な収入源となっている。

また、この派遣医師の報酬とは全く別個に、派遣先の病院から大学側に、言葉が正しいかどうかは別として斡旋料とか研究協力金とか、御礼のようなものとして金品が支払われることも多い。

◎医師派遣請負人、水沢昭市……………………………………………………

私が奈良医大からの医師派遣を実現させるために頼りにした人物の一人が、大阪市内の山崎病院(仮名)の「本部長」水沢昭市(仮名)であった。山崎病院は大阪市内の中小規模の病院だが、内科・外科・脳外科・麻酔科・救急科等に奈良医大から多数の医師を派遣してもらっていた。それは水沢本部長の腕によるものだと、水沢自身が説明した。水沢は当時六六歳。世間では年金生活に入る頃合いだが、意欲は十分であった。実際、山崎病院がこれだけの大学の医師を派遣してもらっている現実を見れば、その「人物」は別として、水沢の実績は期待するに十分なものがあった。

ここでわざわざ「人物」と断ったのは、水沢の人格的な問題点を、後々の公判で検察が私の有罪根拠の一つとして利用したからである。つまり、「このような人物を使っていることが、被告人自身が同じような人物である証拠である」というわけだ。しかし私が必要としていたのは彼の人格ではなく手腕であったし、特定の行為を把えて人格まで決めつけるのも短絡に過ぎるだろう。

水沢が東朋香芝病院のために動いてくれることは大変喜ばしく、ことに奈良医大救急医学教室の山形幸治（仮名）教授から厚い信任を得ていることは頼もしい限りであった。私達は時にはゴルフに興じたり、教室の先生方と当方の主要メンバーと焼肉屋で顔合わせをしたりしながら医師派遣の準備を進めていった。

◎「深川」での三者会談

一九九七（平成九）年一一月二八日夜、大阪市内の繁華街、難波《なんば》にある料理店「深川」（仮名）で夕食の席を設け、山形教授、水沢本部長と私の三人が会った。翌年の早い時期から教室より医師一名を常勤で派遣できるという報告と、月々一〇万円の振込みをしてほしいとの申し出であった。もっとも実際には、山形教授と水沢本部長がそれまで打ち合わせしていたことを私も同席して三人で確認しただけのことであった。

前述の通り、医療界には以前より大学医局を中心とした「関連病院」への医師の供給体制がある。これが臨床医学教授の権力を高め、封建的とも言われる医師支配体制を支える大きな要素の一つと考えられて来た。医師の派遣をめぐって金銭の授受も多いと言われている。

私は医学部卒業後、ほんの一時期を除いてほとんど神戸・大阪で仕事をして来たので奈良県の事情については疎かったが、私の知識の及ぶ範囲では、医師派遣のお礼としては、完全に教授のポケットマネーとして渡すものと、教室または医局に寄附として入れるものがある。これらの場合は年一回とか二回(盆と暮)に分けて支払われることが多いとされている。

他に大学の経理に直接振り込むことも考えられる。その他、状況に応じて臨時のものもあるかもしれない。しかしこの日の山形からの申し出では、毎月一〇万円を銀行振込みして下さいとの話であった。

私は寄附にしろ何にしろ、それが人目にふれてはまずいというような意識は毛頭なかった。銀行振込みは記録がはっきりと残るのだから、それが一般的な受け取り方だろう。この日は金額の確認だけで、勘定科目とか会計処理の話は出なかったし、出ても堪忍してもらうつもりでいた。私は会計に疎いし、酒の席では細かいことや精確な知識を要求される話は決めないという永年の習慣もあった。山形もそういうタイプの人間らしく、そういう話には言及しなかった。

水沢もその話には触れなかった。しかし彼は永く奈良医大と山崎病院の仲を取り持ってきた人物である。当然、法的な手続についても適切な処理のできる人だと思っていたので何ら懸念は持っていなかった(後々の公判の証人証言を聞くと、実際は税制をはじめとした法的な手続きにはあまり理解のない人だと判った)。私は、当然、数日内に事務方が然るべく処理するだろうと考えていた。

◎研究費等寄附金承認申請書……………………………………

その数日後、水沢を通じて「研究費等寄附金承認申請書」と題する書面が届けられた。救急医学教室に寄附したい旨を学長に申請し、許可を求めるものである。申請者氏名欄、寄附金額及び寄附の目的欄は既に山形によって記入されており、私は寄附者の住所及び氏名欄に記入すれば良いようになっていた。申請書には入金口座の欄はなかったが、「救急医学講座代表山形幸治」名義の口座番号が書かれた山形自筆のメモが添えられていた。

事務方に照会するまでもなくこの様式に従って記入すればよいと判って、さすが公立大学病院は綺麗な会計処理をすると感心したが、考えてみれば以前、山陽医大（仮名）から東朋八尾病院に医師を派遣してもらった時もそうだった。自分が直接処理していないので覚えていなかっただけだ。記入してみて、山形の筆跡に比べて私の筆跡が見劣りして惨めな思いが残った。

私はメモ用紙に従って、経理より毎月一〇万円振り込むようになった。そして一九九八（平成一〇）年四月、まず山形自身が週一回のパート医として外来を担当してくれることになった。医師を派遣しても大丈夫な病院かどうかを確認する意味もあったのだろうが、現役教授が自ら勤務に入ってくれるなど望外のことで、非常に驚き、喜んだことを覚えている。同時にパート医も一名派遣された。これが七月より二名となり、彼らはしばらく後には常勤となった。医師派遣が二名となった時点で、振込額は特に話し合いするでもなくほぼ自動的に二〇万円に変更された。

今回起訴された二事例のうちの第一事例は、この銀行振込みに関するものである。一九九八（平成一〇）年一月より一九九九（平成一一）年一一月まで「救急医学講座代表山形幸治」宛に振り込まれた月額一〇〜二〇万円の合わせて四二〇万円と、一九九九（平成一一）年一二月より二〇〇〇（平成一二）年三月まで「山形幸治」名義の個人口座に振り込んだ外来診療料のうちそれまでより増額された月額二〇万円の四カ月分、八〇万円を加えた合計五〇〇万円が、教授個人に供与された賄賂であるとされたのである。

口座変更の事情については後に詳しく触れたいと思う。

二　奈良医大への年末の挨拶と脳外科医の退職（起訴第二事例「五〇万円の歳暮」の顛末）

◎水沢を通した年末の挨拶

一九九八（平成一〇）年一二月頃、既に山崎病院本部長を退いて東朋香芝病院で常勤の相談役となっていた水沢昭市から私に、奈良医大の先生方に年末の挨拶に行きたいという話があった。その年の「お盆」は水沢はまだ常勤になっておらず事務長の秋田新太郎（仮名）が大学に挨拶に行ったのだが、その話を聞いた水沢が「奈良医大には手出しをするな」と怒った経緯があり、今回は水沢の仕事となっていた。私は大学関係者にあわせて五〇万円、役所関係や周辺の業者に二〇万円の予算をつけ、経理の南田和恵（仮名）に水沢から連絡があれば七〇万円を用立てるように、と電話連絡した。少し高いかなと考えたが、それは違法性を意識してではなく、経営的な出費を考えてのことである。

その頃、気象会三病院（東朋病院、東朋八尾病院、東朋香芝病院）の年末の挨拶として一般業者、役所、施設等に使う総予算が丁度七〇万円くらいであった。奈良医大の先生方はおそらく一〇数名だろうが、全部で五〇万円、その他の役所の人や一般業者で水沢が特に頼りにしたり世話になったりしている人達へ二〇万円と考えた。

奈良医大の先生方一〇数名の予算として五〇万円は多いとも考えられるが、教授に手術を頼めば数十万円から数百万円、入院に際して受持医への謝礼が数万円といわれる世界で、たとえ年末の挨拶とはいえ数千円程度のお茶菓子では水沢相談役の顔を潰すだろう。高い人で五万円、平均三万ないし四万円相当と踏んだ。業者への二〇万円の予算の配分については、ほとんど世間並みの金額と思われたから、こちらは特に金額について意識しなかった。水沢以外の職員を挨拶に行かせる時は、ごく常識的に一人あたま数千円の予算となる。水沢の顔を潰さない程度にと決めた額であったから、相手の名前もそれぞれの金額も一切水沢任せにして、私は指図しなかった。

この背景には、気象会三病院の中でも東朋香芝病院が最も期待されていたという事情がある。基幹病院がない香芝市周辺にあって香芝病院は立地条件も良く、早くから増床を申請していた。こんな中、頼りとする水沢が少しでも奈良医大で動きやすいようにという配慮であった。

相手の数であるが、それまでの話から水沢が「付き合い」のできる医師の数は私の理解した範囲では一〇数名で、そのうち三、四名は私に直接紹介してくれたことがある。しかし取調べに入ってから判ったことだが、その五〇万円は山形教授ただ一人に渡されていた。検察はこれを、私が山形教授に医師派遣のお礼として供与した贈賄とした。これが起訴された第二事例である。

役所関係や周辺業者にと用意した二〇万円も、別の一人の教授に渡されていたということだが、これは諸般の事情のため起訴されなかった。

◎院長の退職、脳外科医の不足……………………………………………

話は変わるが、その頃、病院内に別の出来事があった。一九九八（平成一〇）年九月頃、東朋香芝病院の院長でもあり脳外科部長でもある小谷啓一（仮名）医師が、自らの病院内での恋愛問題を理由に退職の意向を伝えてきたのだ。私は基本的に職員の私生活には立ち入らない考えであるし、小谷院長は病院に必要な人材と考えていたので慰留に努めたが、無駄であった。

拘束力の弱い一般病院では、たとえ契約期間内でも一方的に退職を宣言されて契約中途で医師がいなくなることがしばしばある。病院の方は然るべき対抗手段もとれず諦めざるを得ない。小谷院長はともかくも契約期間いっぱいの翌一九九九（平成一一）年三月までは在籍することを承知してくれた。しかし院長が退職すれば、院長の引きで入職した同じく脳外科の花村勘治（仮名）医師もまた同時期に退職することも覚悟しなくてはいけない（実際、そうなった）。つまり最悪の場合、一九九九（平成一一）年三月で脳外科の常勤医が一人もいない事態に陥ることになる。

理事長の私は脳外科医の確保を考えなければならなかった。一番望ましいのは奈良医大から派遣してもらうことである。山形は救急医学教室の教授であるが出身は脳外科で、脳外科教室には教授をはじめ教室員に後輩も多く頼みやすい。その他の大学に依頼するにしても、奈良医大は第一に交渉しておくべき大学であった。早速、水沢を通じて山形に労をとってもらったが、回答は教室員が不足しているため派遣は困難とのことであった。

◎院長自身が流したウワサ

小谷院長の退職に絡んで、別の厄介な問題が持ち上がった。理事長の私が院長を辞めさせようとしているという噂が立ったのである。他の問題なら知らん顔をするところだが、もしこれが山形の耳に入れば彼は不審に思うだろう。一方で脳外科医を罷免しながら他方で派遣を依頼してくるとはどういうことか。私は山形に事情を説明する必要があると考えた。ただ、どうしてそんな噂が立ったのかを調べさせると、出所は小谷自身であった。

この頃私は小谷を懸命に引き留めにかかっていたので、辞めさせようとしているとはとんでもない話である。もっとも、恋愛問題の処理法についての私の提案を小谷が気に入らなかった可能性はある。とても自分の望んだ解決法ではないから、それは罷免させることと同じだと考えたのかもしれない。

噂を消して廻るような無駄なことは考えなかったが、山形には説明しておきたかった。

通常なら水沢を通して山形に伝えるのだが、それでは水沢も同席することになるだろう。私は、退職することになるかもしれない院長であっても、極めて私的な恋愛問題を私の方から無警戒に広めてしまうようなことはしたくなかった。だから山形に直接連絡をとり時間を作ってもらって説明した。

この面談の話を水沢が聞きつけて自分も同席すると主張したが、私はそれを拒んだ。水沢はえらく不機嫌であったが、本来私と山形が一対一で話をすること自体何も問題はないはずである。彼が不機嫌になっても仕方がない。もっとも山形に話せば話の内容は水沢にも伝わるだろうとは思ったが、それは私の関わり合う問題ではない。そのとき私が話した内容は、公判での山形の証言を聞く限り十分伝わっていたとは思えないが、内容の重大さが彼と私では違うためであろう。

この面談で非常に気になる言葉があった。私が小谷院長退職に至る経緯を説明した後、山形が発した「私と水沢相談役は一心同体であるから、こんな問題があったら水沢を通して言ってほしい」との一言である。一般に教授に限らず大学人は誇りが高い。最先端の研究と最高の技術習得に携わっているという自負からだろう。あるいは水沢を外したことが気に入らなかったのかもしれない。しかし私はこんな交際は個人的にはしたくない。山形は決して偏屈頑迷な人間ではないし、人柄も好ましい教授として評価されている人だと思う。しかし、私はこの一言で個人的に近づくことはないと思った。できるだけ仕事と割り切って話は担当者にさせるようにした。以来、私は彼と直接会ったこともないし、一言の言葉も交わしていない。ただ、これは私の方から近づくのを躊躇しただけで、山形を嫌になったわけではないし、疎んじたわけでもない。病院にとっての彼の評価は変わらず高く、私は山形が大学を退官する翌年三月以降もこのままパート勤務を続けてほしいと思っていた。

◎脳外科医確保へ——南海大へのアプローチ

小谷・花村両医師の後任となるべき脳外科医の確保については、水沢も伝《つて》を頼りにいろいろと方策を考えてくれたようだ。某医大のルート、手術もできる市内某病院のベテランで名前もそこそこ通っている菊川先治（仮名）医師やその他様々な話をしてくれた。しかし、どの話も脈のある手ごたえを感じさせるものでなく、あてにはできなかった。私は他の職員を通じて近県の南海大学（仮名）のルートに当たっていた。

水沢は結局全ての話に目処《めど》が立たず、もう一度山形から奈良医大の脳外科にお願いしてみると言ったが、教室員が足りないという事情に変わりがあるはずもなく、とても期待できない状況であった。一方、年末になって南海大学の有力な教室員を通じて医局長清水五郎（仮名）医師に面談ができそうだとの情報が入った。医局長は大学の正式な役職ではなく、教授の指揮の下、私的集団である医局全体を管理する人物である。ここで私は、奈良医大からの医師派遣について無理であることを清水医師と面談する前にはっきりと確かめておく必要があると考えた。

というのも、万が一、南海大学に依頼した後で奈良医大の脳外科がOKということになればどちらかを断らなければいけないことになるし、また、奈良医大以外の大学に依頼する場合、その大学から奈良医大との交渉はどうでしたかと質問を受けることは間違いない。水沢を介した山形からの返事だけで、その結果を相手の大学にぶつけていいかどうか不安があった。私は山形が働きかけてくれたという脳外科教室の桜川克彦（仮名）教授と直接面談して確かめようと思った。駄目なら駄目ではっきりケリをつけて次の可能性のある話を進めたかったのだ。それに、桜川教授には一度挨拶だけでもしておくべきだという気持ちもあった。私は脳外科の医局長杉谷小太郎（仮名）医師を研究室に訪ね、教授面談を依頼した。

杉谷は桜川に取り次ぐことを約束してくれたが、水沢には黙っているわけにもいくまいと考えて説明したところ、彼は思いの外の激昂振りで、自分の祖先は南海平野（仮名）の武士だ、自分の言うことが信頼できないのか云々……の調子で抗議してきた。これには私もたじろいで、そこまで言うのなら信用しようと、せっかく依頼した杉谷に事情を話して桜川への面談依頼を取り下げた。十分信頼されていない取扱いに水沢が怒るのも理解できるが、年末が近づいて私も急いでいた。

◎南海大からの医師派遣の約束……………………………

南海大学の話は水沢にはしていなかったので、彼に私の焦りが解るはずもない。小谷・花村両医師の退職で一九九九（平成一一）年三月末には東朋香芝病院は脳外科医の不足という事態に陥る。各大学の翌年四月からの人事は遅くとも年末には決まる。翌年四月からの派遣を依頼するなら、前年の一二月の初旬くらいには挨拶に行くべきだろう。

その後、奈良医大の脳外科からはやはり派遣困難という連絡が入った。一方、南海大学の方からは有力な教室員から医局長、次いで教授の面談を取り次ぐという返事をいただいた。ただし、案の定、来年四月からの人事は一二月末には既に決まっており、四月からの派遣は困難という話であった。これが、一二月二〇日を過ぎたぎりぎりの年末の話である。

南海大学は結局四月からの常勤医の派遣は間に合わなかったが、それでもようやく一月に入って医局長の清水五郎医師、次いで谷風敏(仮名)教授に面談が叶い、四月からは週一回のパートで熊取正平(仮名)医師を派遣し、翌二〇〇〇(平成一二)年の四月からは常勤医一名を派遣してもらえるとの話をいただいた。一九九九(平成一一)年四月からの一年間は脳外科医の常勤は諦めざるを得ないが、一年後には常勤医を派遣してもらえることを私は幸運な結果だと考えた。

この南海大学ルートの話を知っているのは私と秋田事務長、そして南海大学に話を通してくれた職員だけであったが、彼らには緘口令を敷いた。内外の様々な利害が絡む中で、情報漏れは危険である。

◎奈良医大よりパート医派遣…………………………………

年始めには、山形の奈良医大救急医学教室からも脳外科出身のパート医を週一回派遣するという報告を受けた。もちろん山形の配慮だろう。実際一月からは脳外科と胸部外科出身のパート医が週一日の予定で追加派遣されてきた。ただし病院にとってパート医派遣と常勤医派遣では意味が大きく違う。例えばパート医は基本的に手術は行わない。翌日以降の経過が見られないからだ。同様に手のかかる検査も行わない。

つまりパート医と常勤医には単なる勤務時間以上の大きな違いがある。もちろんパート医であれ派遣してもらえることはありがたいが、この状況では小躍りして喜ぶほどではない。やはり一年後に南海大学から脳外科医一名を派遣してもらえることこそが、大きな成果だった。

一九九九（平成一一）年四月から南海大学の医師も週一回のパートで参加してくれる。脳外科の救急と本格的な手術はできないものの、病院はなんとか一般診療に支障のない程度には運営できると考えて、一年後を期待することにした。

三　南海大学からの脳外科医派遣の中止

◎水沢に南海大学ルートの話が伝わる……………………

やや遡《さかのぼ》るが、一九九七（平成九）年四月一日に東朋香芝病院が開院して間もなく、行政的になお増床できる可能性があることが判り、幹部と協議して申請を出した。しかし奈良県の審査は厳しく認可はなかなか下りなかった。

何回か折衝を重ねた後の一九九九（平成一一）年五月二〇日、当時理事長であった私や水沢も含めて比較的多人数で奈良県庁に係官を訪ねた。話の途中、四月から脳外科医が不足していることへの懸念が係官から持ち出された。

私は、四月からは常勤医がいなくなっているが、パートで数人の先生が入ってくれているので十分でないにしてもそこそこの診療を続けていること、さらに一年後には某大学より脳外科医が派遣されることが決定していることを説明した。それでも執拗に尋ねる係官に、少しでも奈良県からの評価を上げたいばかりに私は派遣元が南海大学であることまで話してしまった。これは気象会の同行者のほとんどが知らない話で、後にやはり言うべきでなかったと後悔した。特に水沢の行動には不透明なものを感じていたので、彼のルート以外で派遣の交渉をしていたことは聞かせたくなかった。

そして、危惧は現実となった。

◎南海大学から医師派遣を中止するとの連絡

一九九九(平成一一)年一二月二日、南海大学脳外科の清水医局長より秋田事務長に電話が入った。翌年より常勤医の派遣を予定していたが、女性医局員の一人が妊娠して派遣が困難になった、申し訳ないとの連絡であった。電話一本で済ませるような話ではないので仕方なく南海大学を訪ね、説明を聞いた。とても言葉通りの理由ではないと思ったが、南海大学の先生方を詮索しても仕方のないことで、受け入れる他はない。私は何も言わずに帰って来た。東朋香芝病院についての何か不都合な情報が入ったに違いない。

南海大学より医師が派遣されることで一番立場が不利になるのは、少なくとも面白くないと思うのは東朋香芝病院内では水沢だけである。私は彼のちょっかいであると推理した。

南海大学側に入ったであろう不都合な情報がたとえ間違っていたとしても、派遣中止の理由を医局員の妊娠と説明した以上、訂正されることはない。また仮にそれが偽りの情報と判っても、そんな情報を内部の人間、それも幹部が漏らしたとなると、大学は病院内の内紛を想定しそれだけでも欠格病院と考えるだろう。諦めるより他ない。私の才覚の欠如だ。水沢の前で話してはいけない情報だった。

県内唯一の大学病院から派遣してもらえず、せっかく前向きになってくれた近県の大学病院より断られたことは一大痛恨事であった。

◎水沢の干渉……………………………………………………………………

後になって、水沢が南海大学の谷風教授と会食した領収書が出て来た。日付は一九九九(平成一一)年九月三日。奈良県庁で南海大学ルートの件が水沢の耳に入って三カ月余り後のことである。

水沢が余計な情報を谷風教授に漏らし、派遣を阻止したという確証はない。法廷でも水沢はそれを否定したが、読者は私の推理をどう思われるだろう。

後年、二〇〇五(平成一七)年八月の話になるが、南海大学の東朋香芝病院への派遣中止は医局員の妊娠が原因ではなく、病院に関する悪い情報がもたらされ南海大学脳外科教室もそれなりのルートで情報収集した結果であることが南海大学関係者の証言で判った。しかしそれ以上の情報は関係者の協力が得られず、派遣中止の真の原因について確証は得られていない。

前述のように、小谷院長は退職問題に関して私についてあらぬ噂を流したり、事務所のレセプト(診療報酬明細書)作成を巡って事務員と対立し、東朋香芝病院は不正請求をしているという話を病院の内外で喧伝したりした。その話を水沢が南海大学に持ち込んだというのが私の推理であり、南海大学の脳外科教室が情報収集したのが、小谷が奈良県内で喧伝した内容であったと考えられる。

四　銀行振込み口座の変更

◎山形教授の振込み口座変更……………………………………………

一九九九（平成一一）年一二月、山形の要請により秋田事務長が銀行振込みの口座を「救急医学講座代表山形幸治」から、それまで山形教授のパート医としての報酬を入金していた「山形幸治」名義の個人口座に変えた。

山形の秋田に対する説明では、「救急医学講座」の口座では出金に一週間から一〇日を要し、おまけに引き出し額に五万円までという制限があって不便なのだという。山形のこの申し出を秋田は独断で了承したが、その時以下の二点について念を押したという。

一つには、個人口座に入れると個人所得になるから源泉徴収されて幾らかの減額になるが、それでよいか。もう一つ、今回の口座変更の分と山形のパート勤務の実働報酬とを区別するために、明細書には段を変えて記入すること。秋田は公判でも、医師派遣の見返りとして医局で使ってもらうお金を山形個人の口座を借りて給与として支払ったと証言している。趣旨と処理法が一致せず極めて不都合な処理であるが、給与扱いとすること自体は山形・秋田共に承知していた話である。秋田なりの「医師派遣の見返りであって医局の費用」という理屈は通っていると思う。

◎秋田事務長の報告と理事長の検討

当時私は通常、東朋八尾病院で勤務し、香芝には週一回、金曜日に外来を担当するために通っていた。そのため木曜に外来を担当していた山形とは出会う機会がほとんどなく、私が秋田から口座変更の報告を受けたのは翌日でなかったと記憶するから、八日後あるいはさらに一週間後の一五日目、さらに一週間後の二二日目……ということになる。

私は話を聞いて困ったと思った。教室への寄附を個人口座に入れてしまってよいものだろうか。しかしすでに手続きは済んでいた。秋田事務長は医師派遣の手続きについて明るい人ではないし、奈良医大との交渉は水沢が一手に引き受けていたので事情には疎かったと思う。普通ならすぐ私に連絡すべきだろう。私の考えなければならないことは、寄附として送金していたのを中止して個人口座に変更することが大学で通用するかどうかであった。しかしそれは他ならぬ山形の申し出であるし、大学内の手続きは退官前の大物教授が適切に処理するだろうと考えた。後の判決では、簡単に中止できる杜撰《ずさん》さを個人供与の寄附金偽装の根拠の一つと考えているが、残念ながら実際の大学の教室や医局はそんな厳正さを求め合わない。例えば以前の山陽医大の場合でも、年間の寄附金を一括してすでに支払っているのに、医局員が退職したという事情で派遣が途中でなくなってしまった。それでももちろん寄附金の返還はなかった。女性医局員が妊娠したからと派遣を中止した南海大学のような事例でも、それが大きな裁判沙汰になるようなことは考えられない。私は、それが確かに山形の意志であるのかと念を押し、考えのまとまらないまま、とにかく源泉徴収だけはするようにと指示した。

◎山形教授の引き止めは、給与アップで

山形は次の年（二〇〇〇〔平成一二〕年）の三月で大学を定年退官することになっていた。私は、このままでは彼はもう東朋香芝病院に来てくれない可能性がかなり高いと考えていた。一つには、この話は後に詳しく述べるが、彼の信頼を一手に受けていた水沢が一九九九（平成一一）年一〇月で既に常勤を辞め、その頃は山形の世話係として週一回のパート勤務となっており、これも翌年の三月で終わることになっていた。さらに、山形は自宅が高津市（仮名）にあり、今までのように奈良医大への通勤途中で立ち寄ればよいという状況ではなくなってしまう。しかし私達は翌年四月以降も山形に週一回でも勤務を続けてもらうことを望んでいた。

患者の中には山形の信奉者が少なからずいたし、彼に週一回でも勤務してもらうことで大学・役所・地域の病院からの信頼が増し、宣伝効果もあると考えていたからである。少なくとも奈良県下で「奈良医大（名誉）教授」である彼の存在感は絶大であるし、その分病院側の彼への期待感、つまり評価も非常に高かった。

私達は、これまでよりも多いパート料を払ってでも勤務を続けてもらいたいと希望していた。一九九九（平成一一）年一一月といえば、翌年の三月に退官する山形にとっては退官後の就職先を決めなければならないちょうどよい時期だろう。彼を引き止めるためにいくら必要だろうかという話は、経営担当の職員とも話し合っていた。そして五〇万円くらいなら双方が満足できるのではないかという結論が出ていた。ただ、私の方から山形に話しかけるのを一日延ばしにしてしまっていた。一年前に小谷院長の退職の事情について二人で話し合った際、これからは水沢を介して話をしてくれと言われていたからだ。このため私は彼に直接話を持ちかけることに抵抗があり、職員の誰かにそれとなく打診させたいと考えていた。

そんな時に、振込み口座変更の話が出た。

私は最初、秋田事務長は困ったことをしてくれたと思った。秋田は教室への寄附を山形の口座を借りて入金するのだと考えていたが、私はそうは納得できなかったのだ。どのような名目であれ、個人口座への入金は個人の所得になるだろう。大学はどう受け取るか、税務署の見解は……。思いあぐねたが、時を経て、これは退官後の山形引き留めのための「給与アップ」とすることで片づく話じゃないかと気がついた。秋田の手続きによって山形の個人口座に振り込まれることになる金額も、合計で五〇万円くらいになる。

私はそれで納得して、源泉徴収の指示もすでに済ませていたし、問題ないと考えた。もっとも、いくら給与であっても高過ぎれば税務上問題になるだろう。しかし、週一回半日勤務であれ大物（名誉）教授に対してこの金額は問題とされるほどの高額ではない。経営的な思惑そのものであるが、奈良県では山形教授にはこれだけの価値がある。

事後承諾ではあったが、秋田の処理を承認したことになった。増額された二〇万円は給料として処理し、申し出の翌月（平成一一年一二月）からこのやり方で振り込みを開始した。私はこの処理について山形と直接話はしていない。

◎出勤数増加について山形から照会……………………………………

山形の退官直前の三月末、水沢を介して秋田事務長より診療回数を増やした場合の打診があった。山形は二単位を希望しているという。週一回半日勤務が「一単位」である。彼は一単位で月五〇万円なら、二単位であれば月一〇〇万円と計算したのかもしれない。しかし私は一単位五〇万円が両者にとって最も有益だと考えていた。病院が元教授に期待するところは、実働者としてではなく、肩書・医学に対する造詣を買っての話であるから、診療の回数は重要ではない。私は一単位五〇万円、二単位六〇万円、三単位七〇万円、常勤（週五日）でも一〇〇万円と返答した。意味するところは相手にも伝わって、彼は週一回で五〇万円を現状のまま選択したと秋田から連絡を受けた。

その後、四月に山形は奈良医大を退官したが、それ以降も山形の勤務形態に一切変更はないので入金金額もそのまま変えていない。

五　水沢昭市のこと

今回の事件を述べるに際して、この人物を外すわけにはいかない。

一九三二（昭和七）年七月三日生まれというから、香芝病院に勤務した一九九八（平成一〇）年頃は、六六歳であった。

◎砂川病院から山崎病院へ

水沢は銀行員、薬卸業を経て大阪市内の砂川病院（仮名）に勤務したが、この病院のある診療報酬がらみの事件に巻き込まれて退職。一九九二（平成四）年頃から、市内の山崎病院に勤務した。山崎病院は水沢がこの頃に知り合った奈良医大の山形教授の伝手《つて》で、同じく奈良医大の平野（仮名）教授、住山（仮名）教授、澤田（仮名）教授を次々と紹介してもらい、医療機関の少ない大阪市内の赤川区（仮名）という地理的条件と、奈良医大という強力な支援のお陰で非常に隆盛した。

山形自身も一九九三（平成五）年頃から山崎病院でパート勤務を始め、それ以降、順次若手の医師を派遣していった。

◎東朋香芝病院「相談役」へ

私が水沢に会ったのは一九九七（平成九）年三月頃、彼を知っている人があって、山崎病院の前の病院を退職した事情を説明し、「人物に問題があるが」と断わったうえで教えてくれた。

最初にコンタクトを取った秋田事務長の話では、初めて電話を入れた時に無作法を指摘されたが、それでも会ってくれて、医師紹介の協力をしてやってもいいという口振りだったという。

山崎病院で水沢は「本部長」という病院業界では聞き慣れない役職であったが、恐らく参謀として病院を取り仕切っているのだろうと推測した。彼の部屋の白板には奈良医大教授の名前をはじめ、著名人との面談のスケジュールで一杯であったと秋田は報告の最後に付け加えた。

水沢は、奈良県という地域に乗り気になったのか、私の世間知らずを与し易しと踏んだのか、最初から乗り気になってくれて協力的であった。人脈開拓は遅々とした歩みであったが、それでも将来を見据えれば確実に奈良医大関係の人脈を広げる伝手《つて》を持っているように思えた。

水沢は奈良医大の人脈を梃子《てこ》に東朋香芝病院に入職してきた。まずは一九九七（平成九）年七月頃から週一回くらいのパート勤務。そして一九九八（平成一〇）年一一月からは常勤となった。肩書きは「顧問」とか「理事相談役」というようなあやふやな仮称・自称の役職の後、最終的には「相談役」となった。院内の人物評価は高いものではなかったが、奈良医大の協力には必要欠くべからざるの状態であるから、水沢の存在は貴重であった。

その後、山形自らのパート医勤務に加え、水沢―山形ルートによって平成一〇年四月にはパート医、七月には常勤医が一名ずつ、さらに一〇月に常勤医一名、平成一一年一月にはパート医一名が派遣され、病院は順調に運営できていた。

◎水沢相談役との距離

ただ、時が経つにつれ水沢は病院を私物化するかのような言動をとるようになった。私がおかしいと感じるようになったのは一九九八(平成一〇)年の末、水沢がある話を持ちかけてきた頃からである。現在地の香芝市瓦口の土地が狭くて不便なので、急行も停車する直近の五位堂《ごいどう》駅前に香芝市が所有する土地を借りようと言い出した。香芝市には市立病院がなく、土地提供程度でそれに替わる病院が実現できるなら市にとっても好ましいだろうと言う。この類の話はしばしば聞く。悪い話ではないので別に止めはしなかったが、私には極めて虫のいい夢物語としか思えない。

どうやら水沢は実際に何度か市役所に足を運んだようだ。さらに水沢は現在の東朋香芝病院の増床増築の話を出してきた。三〇億ぐらいの融資を受けて大病院にしたい、それくらいの規模でないと山形を院長に引っ張って来られない――。彼の意図の一端が判ったし、二〇〇〇(平成一二)年三月末に退官予定の山形に対する恩返しの気持ちにも感心したが、病院の規模まで自分の意志でどうにでもなるという彼の考えには呆れてしまった。

◎水沢が持ちかけた常識外れの「覚書」……………………………………………………

一九九八(平成一〇)年一二月三日、話があるという水沢の申し出を受けて、幹部を集めて数人で会った。その時、水沢は「覚書」と称して以下の様な数項目の要求を申し入れて来た。要求は自分勝手で常識はずれの内容もあった。

覚書

医療法人気象会(理事長、石田文之祐)(以下甲という)、山形幸治(以下乙という)、水沢昭市(以下丙という)との間に下記の条件で覚書を締結する。

一　甲が奈良県に申請している増床認可が決定した日より向こう五年間、甲と丙とは雇用契約を締結する。

二　甲は丙の報酬を年俸一二〇〇万円とし、その他の必要経費については双方合意の上で支給する。また甲は乙を名誉院長として迎え入れ、その期間は一〇年間とする。

三　甲が契約期間中に甲の都合により丙を退職させるときには丙が甲に損害等与えない限り、約定の五年間に満たない残りの期間分の報酬にあたる金額を退職金として丙に支払う。

四　丙の役職については、甲が運営上必要とする場合、丙を理事として法人登記する。

また丙を東朋香芝病院の増拡張工事計画の責任者(竣工までの)として位置づけをする。
これに伴う丙の権限については相互理解の上で取り決める。
丙はその職責として工事期間および完成後の運営を円滑に進める努力と人事および医師等の補充の責任者として行政、地元対策、渉外的責任者として努力する事。

この覚書の有効期限は平成一〇年一二月〇日より平成〇年〇月〇日までとする。

本書三通を作成し、甲・乙・丙記名捺印のうえ各一通保有するものとする。

これに対して私は即答せず、その時は病院運営の雑談にとどめた。そして数日後、自筆の走り書きで以下の内容のメモを水沢に手渡した。

一　甲と丙は雇用契約を締結する。
二　丙は東朋香芝病院の医師補充が支障無く達成されるよう奈良医大をはじめ、その他の施設と交渉に当たり、香芝病院の医療態勢の充実を計る。
三　丙は奈良県庁ほか行政機関への窓口となり、香芝病院が行政上問題なく、医療業務が遂行されるように手続きをする。また、行政の意向を病院に、病院の方針を正確に且つ、円滑に行政機関に報告する。
四　丙は就業規則を遵守し、病院の方針を尊重し、これを敷衍すること。

五　甲は丙に年俸一二〇〇万円を支給し、期間は五年間とする。
六　甲は乙を名誉院長として迎え入れ、期間は一〇年とする。
報酬は別途記載する。
七　乙は病院の業務が充実するよう医師派遣、医療上の助言等の支援をする。

いずれ何らかの反応があるものと心積もりをしていたが、水沢からは反応がなく、この件はそのままになってしまった。

この「覚書」でこちらが問題にしたのは次の三点であった。

一　水沢を理事にすること。
二　五年間の契約期間に満たなくて退職せざるを得なくなった時、五年間に満たない残りの期間分の報酬にあたる金額を退職金として水沢に支払うということ。
三　東朋香芝病院の拡張工事計画の責任者とすること。

当然私からの返答はこれを無視した形になっている。

◎水沢相談役の退職

病院の規模拡大の提案とこの覚書の一件以来、私が水沢に期待する役割は奈良医大内の人脈開拓のみにはっきりと限定された。また、一九九九(平成一一)年五月に発覚してしまった南海大学より医師が派遣される話も、奈良医大にしかルートを持たない彼には面白くなかっただろう。

同年夏、知己の給食会社の社長から連絡があり、会いたいという。水沢が退職したいという話であった。奈良医大の人脈維持には未練があったが、彼の苦衷も察せられた。二〇〇万円の慰労金を出してやってくれという。これはどうかと思ったが、後々の災難の厄介払いと考えて承知した。この種の思惑は往々にして裏切られる。実際、今回起訴された第二事例（五〇万円の歳暮）は、彼の虚偽の証言だけを根拠に私は有罪とされた。

また一一月の退職後も、水沢には山形のお守り役代として二〇〇〇（平成一二）年三月まで月一〇万円支払うことになった。

六　「余罪」の話

◎内科・川島教授……………………………………………

話は前後するが、水沢は一九九七（平成九）年には奈良医大内科の川島康忠（仮名）教授にも当たってくれていた。

同年九月九日、私は水沢と奈良医大を訪れ、山形に挨拶に行ったその足で川島に医師派遣のお願いに行った。川島は、教室員の数から考えて常勤医の派遣は困難であるが、パートなら何とかできるかもしれないと言ってくれた。このとき水沢は、厭がる川島を抑えて二〇万円相当の商品券を置いて来た。私は、奈良医大のもう一つの教室に何らかのつながりができたことを喜んだのだが、この教授は非常に潔癖な方で、丁寧な書状と共に商品券を送り返して来た。

私は大変申し訳ない事をしたと思い水沢にその旨話して、商品券を渡した。この商品券は水沢が経理から引き出したものなので彼から経理に返すようにという意味だったが、自分の提案通り事が運ばなかったという負い目のためか責任感からか、何日か経って水沢は川島に渡して来ましたと報告してきた。

丁寧な書状と共にわざわざ送り返された教授の心情に逆らうようなことをして、二重に申し訳なかったと考えたが、はっきりと指示しなかった自分を責めた。

その後、翌一九九八（平成一〇）年四月から川島の教室から週一回のパート医を一名派遣してくれることになった。

同年三月二〇日、再び水沢の勧めで商品券三〇万円相当を持って御礼に行った。しかしこの時も川島は受け取りを拒否し、私もそのまま帰ったが、後になって教授は受け取ってくれたと水沢が報告して来た。

この「余罪」を私は取調べの時まですっかり忘れていて、検察官の前で恥をかいた。取調べの中で検察官や弁護人との接触で「何であってもいくらであっても公務員に供与することは違法である」ことを学んだ私は、ならば確かにこの二〇万円、三〇万円の商品券の供与は違法になると、取調べでも公判でもこれを認めた。ただしこの「余罪」については、時効と「余りにも良心的な川島教授の態度」に検察が不問にしたため、私も起訴されていない。

ところがこれが第一事例「月々の振込」と第二事例「五〇万円の歳暮」という別件に転用されることとなった。川島の件を賄賂だと認めている部分を取り出して、第一、第二事例の賄賂について認めているという結論を導いているのだ。一審の判決に私が「贈賄を認めている」とあるのはこのことを指している。

第二章　取調べ

一　自動進行

◎逮捕……………………………………………………………

山形教授の記事が新聞に報道されて、二、三の病院の名前が出るようになった。東朋病院の名前も最初はそれらしき病院として、次いではっきりと名前が出るようになった。職員も検察の取調べを受けるようになり、ようやく私自身も調べられる可能性を感じ始めた。しかし新聞報道されていたことは、当方としては救急医学教室への寄附であると考えていた一〇万〜二〇万円を毎月振込みしたという部分のみであったから、何ら懸念を持っていなかった。

ところが、二〇〇〇(平成一二)年一一月九日早朝、ちょうど八尾病院へ出勤しようとしたところに三人ぐらいの捜査員が迎えに来た。いわゆる任意出頭である。

検察庁ではその振込みのことを聞かれた。事実の通りを喋ると、担当の斉藤隆博検察官は「逮捕する」と言った。

「逮捕の要件とは何だ！」

斉藤検察官は被疑事実は言ったが、それを裏付ける根拠の説明はしなかった。この国では、疑いだけで人を逮捕できるのだろうか[2・3・4]。

私は逮捕や取調べの事情には無知であった。しかしこの逮捕の瞬間、この世界では一つ一つの手続きは単なる順序であって、一つの過程から次の過程へ進むのは儀式に過ぎず、点検なり検討が行われることはなく自動的に進むのではないかという予感が生まれた。ただ、このとき私はまだ司法への期待を捨ててはいなかった。保釈ももっと早いだろうと思っていた。

しかし残念なことに、このベルトコンベヤ式の自動進行は最高裁まで続くことになる。これは重大な法律違反のみならず憲法違反の問題すら含んでいることが、後に司法を学習して解った。

弁護人は、民事事件で時々世話になっている同郷の高校の後輩、野村公平。そして同じ大阪弁護士会の後藤貞人となった。こちらの手違いから決定が遅れ、弁護人との接見が始まったのは逮捕勾留五日目であった。

弁護人が決まるまでの数日間、衣服がありあわせのものしかないのを気の毒がってか、取調べが思うようにいかないのか、先輩検察官への義理立てのためかよく判らなかったが、担当検察官は頻《しき》りに弁護士を紹介すると言った。私には司法や裁判の知識が乏しく明確に意識できたわけではないが、検察出身の弁護士(通称「ヤメ検」)は、検察の意向を尊重して罪さえ認めれば、速やかに事を運び、量刑も軽くできる可能性は高いのだろうが、有罪無罪を争う弁護人としては不適当なのではないかと考えた。

私は申し出を丁寧に断って、ゆっくりと弁護人が決まるのを待った。勾留中はよく判らなかったが、その後の公判を通じて、この二人と、保釈後に加わる中村留美弁護士は極めて有難い人材となった。弁護人との接見は一日一五分に限定されていた。検察官の取調べは午後と夜間が多かったが、いつ呼び出しが来るか、何時間続くのかも判らない。時には深夜に及ぶこともあった。全く検察官の恣意《しい》のままである。

勾留期間中、担当弁護人の二人はほぼ毎日交替で接見に来てくれた。刑事事件担当の弁護士（弁護人）は大変だと思う。勾留中の被疑者に対する検察官の取調べは無制限で意のままであるのに対して、弁護人の接見は不当に制限されていて、検察官発行の接見通知書に従ってわずか一日一五分のみ認められているにすぎない。弁護人はこの一五分間のためにどれだけの時間を犠牲にしているだろう。日本の司法はあまりにも被疑者と弁護人に負担を強いている。国際人権（自由権）規約委員会が日本政府に対して次の様に勧告している通り、司法改革を叫ぶ際にはまず第一に挙げなければならない改善項目の一つだろう。

当委員会は、規約第九条、第一〇条及び第一四条に規定される保障が、次の点において完全には守られていないことに懸念を有している。すなわち、公判前の勾留が捜査活動上必要とされる場合以外においても行われていること、勾留が迅速かつ効果的に裁判所の管理下におかれることがなく、警察の管理下に委ねられていること、取り調べはほとんどの場合に被勾留者の弁護人の立会いの下でなされておらず、取り調べの時間を制限する規定が存在しないこと、そして、代用監獄制度が警察と別個の官庁の管理下にないこと、である。さらに、弁護人は、弁護の準備を可能とする検察記録にある全ての関係資料にアクセスする権利を有していない。

以上は同委員会の第三日本政府報告書へのコメントの一部からの引用である[5]。

◎「とにかく思いつめない」

勾留中の住処《すみか》は大阪拘置所の独房であったが、無論窮屈な生活である。起床七時、就寝九時。九時になると消灯され朝の七時まで薄暗がりの生活である。これには参った。一日一〇時間も眠れる人間がいるのだろうか。

私の逮捕を決めたのはもちろん裁判官であるが、申請したのは誰か。何を根拠にしているのか全く判らない。

逮捕状は手元にないのでわからないが、二〇〇〇(平成一二)年一一月一〇日の勾留状について言えば、被疑事実が記載されているもののその根拠の説明もそれらしい記載もない。令状裁判官は坂本浩志という任官三年目の若い判事補であった。彼だけを責めるつもりはない。少なくとも日本の裁判では、裁判官の行為と発言は全て一方的で、とても被疑者も被告人も納得できる内容ではないし、それを評価する別の機関もない。

決定した裁判官にまで興味を持ったわけではないが、捜査の指揮者は知りたいと思った。後に佐賀元明検察官という人物であることは判ったが、取調中も公判中も私は本人の顔を見たことがない。現在も面識はない。しかし彼こそが有罪率九九・九%という日本の刑事司法の有罪へのベルトコンベヤに私を乗せた張本人である。しかし責任は佐賀検察官にあるのではない。最終の責任はあくまで裁判官にある。

理不尽だらけの生活に入ったが、どうしようもない。

牛か馬のようになって感情を捨てて、とにかく脱出まで、無為に、無駄に時間を浪費する覚悟を決めたいと思った。決心と現実の心情は別だったが。

とにかく思いつめないこと。気を逸らすこと。こんなことを考えた。私は軽度の糖尿病と高血圧があったが、勾留中の治療を望んでもどうせ形ばかりのものでしかないだろうと考えて、せめてもの対策にと食事は一日一八〇〇カロリーの糖尿病食を選んだ。

こんな軽食は初めてで、しばらくすると胃の調子が悪くなった。健診の時に潰瘍瘢痕が見つかったことを思い出して、空腹状態の時間を少なくするために食事を分けて食べることを考えた。ただし医学的にこれがどの程度有効であるかは医者である私自身も確信があったわけではない。保存に便利なゆで卵を残しておいて、深夜、胃の調子が悪くなったら食べた。それを見つけられて看守から注意を受けたりしたこともあったが、その後は見つからないように気をつけて何とか最後まで通した。

糖尿の方は一日一八〇〇カロリーの食事だから心配ないという自信があったし、二週間に一回測ってくれる血圧もそこそこだったと記憶している。

◎有罪至上主義……………………………………

取調べの内容だが、検察官はまっしぐらに有罪へ持って行こうとする。その後の私の司法関係の学習の中で、これは検察の「有罪至上主義」と評されていることを知った。総じて日本の司直は思い込みが生じたら他のことは考えず、強要でも捏造でもとにかく自白調書を作るのに全力を挙げる。日本の司直は捜査、取調べ、公判と一連の司法手続きの中でほとんどの精力をこの供述調書の作成にかける。だからそのホシが間違っていたことが判った時には、真犯人の捜索が致命的に手遅れになることも多いという。要するに自白に頼った安易な取調べ手法であり、これが裁判で認められるのが、日本の司法である[6・7・8・9・10]。

私の担当検察官もその例に漏れず、何とか有罪に持って行こうとした。彼等には取調べ相手が無辜《むこ》である可能性を考慮するような様子はない。末端の官僚検察官にはそんなことは許されていないのだ。

◎痛感した「無知」……………………………………………………

私は救急医学教室に対する毎月の振込みを、全く違法性なしと考えていた。無罪と信じていたので、悔しいとか後悔するとかいうことは一切なかった。では私に刑事司法に関する知識があったかというと、ほとんどなかったという方が正しい。しかし、これは一般の市民も同様であろう。例えば、贈収賄は誰にも適用されるものか？　今では判っているが取調べ以前は知らなかった。私の友人の医師にこれは公務員相手の限られた範囲に適用されるものだと説明するとびっくりしていた。

一般の市民の感覚はそんなものだ。しかし私は経営者であるから、一般市民レベルでは許されない。実際は、私立大学からの派遣に対するお礼であれば問題にならないが、国公立大学の医師にお礼をすれば贈賄になる。自分でも自分の無知に驚嘆したのは、私立と国公立の大学に対する区別を意識していなかったことである。実際に日常の医療業務の中で国公立大学派遣の医師と私学の医師を区別する理由は何もない。金額は幾らが限度か。商品券の上限は？　依頼の場合と単なる御礼の場合の違いは？　ゴルフの招待は？　食事の招待は？　……これらの問題を曖昧《あいまい》にしたまま、私は病院経営に携わっていたということになる。

二　取調べの問題点

◎逮捕と勾留

取調べをするのに実は逮捕・勾留はあえて必要ではない。

勾留を肯定する大義名分は、逃亡と証拠隠滅の予防であるが、事実は懲罰ないし取調べの強制の意味の方が遥かに大きい。現実には勾留の第一の目的は、強制による自白の強要である。

しかし、勾留そのものは司法成立のための必要悪（取調べ受忍義務）と考えて、とりあえずこの問題は大目に見よう。彼らは真実を知らないのだから。しかし、外国に比べて遙かに長い勾留は、日本の司法が「人質司法」[11・12・13・14・15]と言われる所以の一つである。これは西洋レベルの司法思想、刑事訴訟、特に適正手続き（デュープロセス）に対する検察と裁判所の無知と無理解、法令無視か歪曲の結果であり、専門職としての責任感と使命感の欠如、すなわち堕落が原因であろう。

例えば米国と比べてみると、逮捕後最大七二時間の拘束は同じであるが、米国ではこれ以降は被疑者が同意しなければ尋問できない。日本ではこれより一〇日間プラス一〇日間。疑惑をつくればさらに次々と勾留状が発行される。被疑者の同意は必要ない。英米では不相当な訴追および身体拘束から早期に被疑者を解放し、また訴追側の証拠を被疑者側に開示させるために検察は裁判官による厳重な審査を受けなければならない。他方、長期の拘束が許される日本では、検察の努力と叡智のほとんどがこの長期勾留期間の供述調書の作文作成に注がれる。

◎検察官の作文

取調べの中で自分の考えなり思惑なりを正確に表現することは、大変難しい。特に法律的知識の乏しい人、文筆を業としない人には大変である。同じことを何度も何度も聞かれて、聞かれては前日までの文章を変えられたり、舞台裏で主任検察官の訂正を折り込んで文意なり色合いなりを変えた、新しい供述調書が持ち込まれてしまう。こちらは前日までに署名した供述調書を再び見る機会もなく、長い文章の問題点を点検する筆記用具もない。大雑把な筋道は憶えていても細かい表現まで記憶することは困難である。

相手のしつこさ、汚さ、時には質問のレベルの低さに呆れ果てて切れたり、またある時は気をゆるめて妥協したり、表現がおかしいので訂正を求めてもそれを訂正すると文脈がつながらなくなったりして、止むを得ず妥協したりするのである。思いあまって、私がしゃべるからそれをそのままワープロで打つようにと要求したが、それはできないと断られた。

検察官調書でも判決文でも、検察官や裁判官は自分がそれを作成するときのことを考えてみるがよい。消したり、追加したり、訂正を繰り返すだろう。人の言うことを勝手に解釈したり作文して署名しろなどというのは、被疑者の人格を全く認めていない証拠だろう。

刑事訴訟法では「直接主義」が謳われ、裁判所が直接取調べた証拠だけを裁判の基礎とし得るという原則がある。しかし判決文を読んでも判る通り、被疑者・被告人が公判で述べることに裁判官は聞く耳を持たない。もっぱら供述調書に依存する。彼らには法令を順守する頭脳と精神がない［16・17］。

◎黙秘権……………………………………………………………

すでに記したように、多くの市民は刑法や刑事訴訟法には無知であるが、私も早速困ったことがある。黙秘権である。

供述調書の検察官作文の冒頭は、ある決まり文句で始まる。曰く、

「本職はあらかじめ被疑者に対し、自己の意思に反して供述をする必要がない旨を告げて取り調べたところ、任意次の通り供述した」。

日本の取調べの欺瞞はここから始まる。私の場合はもちろんであったが、他の事例でもこんなことを言う検察官はいないだろう。検察官のあまりのしつこさと思い込みに嫌気がさして、取調べの途中に黙秘権はあるのかと質したことがある。

「黙秘権はあるが、捜査に協力しないということになって取調べが長引くだけだ」。

斉藤検察官はそう答えた。そして、一件につき二〇日間の勾留が可能であるから、技術的には被疑事実の細分化により半永久的に勾留できると説明した。これでは黙秘権は否定されたと同然だ。

憲法第三八条（不利な供述、自白証拠能力）

① 何人も、自己に不利益な供述を強要されない。

私は斉藤検察官の発言を弁護人にも伝えたし、公判では裁判官にも話した。しかしこの斉藤の黙秘権否定の発言を問題とする法曹はいなかった。黙秘権を否定する検察官発言を無視する弁護人も、裁判官もこ

れを重大な憲法違反だと認識していない。この点でいえば法曹三者（裁判官・弁護士・検察官）は一蓮托生の馴れ合いである。私は、司法は生きていないと思う。

何カ月も何年も勾留を続けられる被疑者がいるが、その法的根拠の一端をこれで勉強した。黙秘権という近代国家の保障する司法の理念は、日本ではなきに等しい。保釈後に勉強したことだが、これを識者は「人質司法」と名付けている。検察の思う通りに供述調書が書けなければ期限なしの勾留が可能なのだ。ならば頼みは裁判である。

弁護人は、被疑者が取調べで本当のことを喋ってくれれば後々裁判で余計な苦労をしなくて済むのだからそれを望むはずであるが、一方で無罪を主張して勾留が長引くことが必ずしも被疑者の利益になるとは限らない。勾留の長期化とそれによる名誉毀損・信用失墜・経済的損失が、問われている行為の処罰よりも大きいと予想される場合には、思案のしどころとなる。

◎検察官・裁判官の錯簡手法

広辞苑によれば、「錯簡」とは「書籍の紙の順序が狂って誤りのあること。また、文章などが前後していること」を意味する。公判で私が「賄賂の意識のあった」ことを認めた個所がある。私は贈収賄の問題意識が明確でないまま奈良医大事件に遭遇し取調べられた。そして勾留中、公務員相手の供与はたとえ少額であろうと全て贈賄の対象になることを学んだ。そしてそうであるならば、一九九七（平成九）年九月と一九九八（平成一〇）年三月の「余罪」として述べた二件については、後から思えば確かに悪いことであると、取調べでも公判でも明確に述べたわけである。しかしこれはあくまで「余罪」（と便宜上表現したが、この件は立件されていない）についてである。ところがこれを検察官が公判で執拗に追及し私の「悪かった」との供述を引き出したのを、一審の裁判官が、立件された件についての賄賂の認識の根拠として転用した。これは錯簡手法と考えられる審理対象のすり替えである。私の「悪かった」という発言は、立件された事実には関係のない話なのだ。検察官が種を撒き裁判官が実を穫った詐欺商法と言えるだろう。

裁判が始まってから、なぜ私が有罪なのかを知るために法廷やセミナーによく出かけるようになったが、例の元大阪高検公安部長三井環氏の「裏金作り」の裁判を傍聴した際、南西タイムズ（仮名）の青田勝男（仮名）社長の証言の中に検察の供述調書の署名問題に触れて、「一括なら署名するが、別々にはしない」という発言を聴いた[18]。同じ事柄について何度も何度も供述調書を書き、都合の良い部分だけを組み合わせて裁判所に提出されないためである。逆に言えばこの手法はよく知られているやり口なのだと合点した。知らぬ顔をしているのは裁判官だけである。

◎検察官の山賊手法

私は第一事例「月々の振込」に関しては、供述調書の内容には確かに問題点もあるが、少なくとも担当の斉藤検察官の前では「贈賄ではない」。少なくとも、教室には入れている」と主張し続けた。そのくだりは供述調書として公判にも提出されている。私は他の部分で妥協することはあっても最低限ここだけは譲らないつもりで取調べに臨んでいたし、現にそれは貫けたと思っていた。

拘置所では一日に何度か、館内にラジオニュースが放送される。NHKだと思われるが、あらかじめ検閲をした上で定期的に所内に放送される[19]。一一月三〇日の第一回勾留期限の日の就寝九時前の最後の放送を聴いて、私は驚き、そして怒りが湧き上がった。ラジオは私が罪を大筋認めたと放送していた。検察は、取調べでも世論操作でも汚い手を使う。

この日はしばらく眠れなかった。検察の「有罪至上主義」という言葉は、ずっと後になって勉強した。

ただ、私は医局の代表者に振込んだと一貫して話していたつもりだったが、斉藤は私の署名した調書で充分、有罪判決を勝ち取る自信を持ったのかもしれない。

◎人質司法と妥協

一般市民にとって勾留延長は大変な問題である。検察は有罪まっしぐらであり、真実追究は二の次であることがわかった。その中で自分の考え、意思をどれだけ守れるか。

私は人様に迷惑をかけた厄介者として生を終えたくない。もちろん個々には迷惑をかけた人は沢山いるだろうし、患者さんの中にも自分のせいではないかと常に心にひっかかっている、不幸な転機をとった人も数人は記憶にある。しかし、それを問うたら医師という職業は成立しなくなるかもしれないという言い訳もある。だが、もしここで私が何億または一〇数億円という負債を残したらどうだろう。私の生涯は厄介者でしかなかったことにならないだろうか。逆に病院さえ守れれば、たとえ刑事事件で有罪判決を受けようとも厄介者で終わることはない。私の名誉の毀損と個人の損害だけですむ。他人に実害を与えることはない。私は元気で早くここから出なければならない。経営者としての私はワンマンと言われているかもしれない。響きの良い言葉でないがそういう面もある。しかしそれは人材不足のためとも言える。私は一人で何役もこなしていかなければならない。

東朋病院を立ち上げて以来、私は約二〇年間、二晩以上の旅行で大阪を留守にしたことは一度しかない。他には、父母が健在の時、年に一、二回郷里の城崎（兵庫県の日本海側）に帰ったのと数回の家族旅行で一晩大阪を空けるのが精一杯だった。病院の予期せぬ事態に対処するため、ほとんど病院の近辺をうろうろするだけの生活であった。大阪を離れるのが不安だったのだ。現在は東朋香芝病院のみ救急指定病院であるが、取調べを受けた頃は気象会の三病院全てがそうだった。救急搬送患者が必ずしも多いわけではないが、備えは必要である。ポケットベル、携帯電話等通信機器の発達に最も恩恵を受けた一人だと感謝している。

一〇〇床規模の病院三つと三〇〇床規模の病院一つでは全く意味が違う。前者は経営管理のリスクが三倍になっていると考えるべきである。

とにかく早く出なければならない。私はこんな所にいてはいけないのだ。

私は、第一事例の合計五〇〇万円の毎月の振込みについては曲がりなりにも自分の主張を通した。二〇〇〇（平成一二）年一一月三〇日の初回勾留延長期限までで、この事例の取調べはほぼ終了したようだった。ラジオは私が罪を認めたと伝えたが、私は否認し続け得たと思っていた。

第一部第一章「六　『余罪』の話」（五〇頁）で触れた商品券の件は、時効、微罪その他の理由で立件されないことが判っていた。

残された問題は第二事例「五〇万円の歳暮」について私が否認したままで保釈が認められるかどうかだった。もちろんその時は日本では勾留却下率が一％を遥かに切り、保釈率も一三・四％しかない（二〇〇五年）ことは知らなかった[20]。弁護人の話では保釈も判らない、勾留が四二日（最初の検察による逮捕で二日。

第一事例で一〇日、その延長で一〇日。第二事例で一〇日、その延長で一〇日。計四二日）で終わるかどうかも判らない、ということであった。

もし検察官の言う通りに私が七〇万円の行方を二人の教授に限定したと認めれば取調べは終わるし、保釈にも断然有利になるだろう。

しかしたとえ私がそれを認めたとしても、本当に保釈されるかどうかは判らない。それは常に検察官の胸三寸なのだ。彼等は「逃亡のおそれと証拠隠滅の防止」という融通《ゆうづう》無碍《むげ》で、強力な武器を持っている[21]。日本の官僚司法では決して「認めたら出してやる」と言わない。もちろん弁護人も「認めたら出してもらえる」などという助言はしない。被疑者が勝手に検察官の胸の内を想像して、自らの判断で行動を決めなければならない。これでも法は生きているといえるだろうか。拘置所で被疑者はどこまでも孤独である。検察官は聖域に守られた王様である。

「贈賄罪という司法上の名誉毀損」と「病院の破産という社会的責任上の汚点」という二者択一、しかも確実でなくあやふやな選択が迫られた。そして、どちらがより大きく私の人生を損なうかと言えば、はるかに後者であるという結論に至らざるを得なかった。かといって自ら虚偽の罪を認めて保釈されることが矮小《わいしょう》な問題であるかと言われるとそんなことはない。比較の問題である。

すべての人に理解を求めるのは困難だと思うが、経営にあずかる人間であれば、たとえ倒産という最悪の事態を招かなかったとしても、一度傾いた経営を立て直すのがどれだけ困難な作業であるかは容易に理解できると思う。

取調べはほぼ終わっていた。保釈されずに勾留が続いたら、その間何をするのかとの私の質問に、弁護士は、何もしないと答えた。この勾留期限を逃したら、次の保釈の機会は来年の春の第一回公判だという。

私は絶望的な気持ちになった。四二日間では病院はまだ大きな影響を受けていないと思われたが、そんな先まで私なしで病院の経営を維持することはとても困難だと思われた。ならば私のできる精一杯のことは、嘘の供述調書に署名することだ。確かに、署名しても保釈されないかもしれない。その時は全ておしまいだ。しかしできることはこれしかない。

不必要な勾留という大袈裟なパフォーマンスまでして世論を操作し、取調べが終っても証拠隠滅とか逃亡のおそれとか、ありもしない検察の決まり文句の言い訳に裁判官が型通り追随する。有罪無罪が決まってもいない被疑者を懲罰然と無神経に身体拘束させる日本の司法は、法の柱が完全に壊れている[22]。

検察官は山形教授、水沢相談役と南田事務員の供述から作り上げた供述調書を私に差し出した。それまで突っ撥ねてきたが、一二月一三日、斉藤検察官の作った供述調書に内容も読まず署名した。中身は判っていた。

推定無罪という世界史上かけがえのない司法の原則は、我国の司法官にとっては空念仏のようなものだ。「猫に小判」という言葉があるが、彼等には何と言ってやったらいいのだろう。

勾留中、私より先に取調べを受けていた山崎病院の院長が保釈されたと聞いた。新聞記事によれば問われた金額は私の方が遥かに小額であると思われたが、取調べの内容、特に罪状認否など詳細は判らなかった。

よそ様のことはあまり言いたくないが、山崎病院はその後、人手に渡ってしまった。幸い私のところは生き延びているが、中小の病院にとって一人の指揮者不在がどれだけの損傷を与えるか。この事実だけからでも理解できるだろう。

◎保釈

私が保釈されたのは、第二回勾留期限である逮捕勾留の四二日目の夜九時。布団にもぐった直後であった。弁護人と検察官との間で何らかの取引があったのかもしれない。しかし私はそれについて聞かないことにしている。

保釈を得るために嘘の供述調書に署名したことは苦しい。しかし私は外に出た。これで「俺の勝ちだ」と思った。病院は潰させない。というのは、弁護人を介して私に届く三病院の表面的な状況では、大きな問題はなかったからだ。それだけは確保できた。決して勝利ではないが、今なら病院は大丈夫だ。問題が発生していたとしても、立て直しのための闘いの方法はいくらでもある。

保釈後、疑惑を認めれば保釈され、自説を通せばそれが困難という人質司法について説明してくれる司法通が多いことにはびっくりした。日本の裁判所と検察は結構その実態を知られていて、私が思っていたほど評価されていないと判った。私が知らなかっただけだ。

私の体験した検察と裁判所は、市民の厄介者でしかない。有罪と冤罪の振り分けができないのであれば、厄介者以外の何者だというのだろう。市民の名誉を汚し、嘘を並べ立てて正義を台なしにし、市民の人生を破壊し、場合によっては汚名を着せて生命さえ奪っている。彼らを早く撲滅しなければならない。彼等こそ人の世の悪の極みである。

［2］木下信男『裁判官の犯罪「冤罪」』(樹花舎、二〇〇一年) 一四八頁。
［3］渡辺洋三、江藤价泰、小田中聰樹『日本の裁判』(岩波書店、一九九五年) 八八頁。

［4］仲戸川隆人『陪審を見て知る普通の人の偉さ』日本裁判官ネットワーク『裁判官は訴える！』（講談社、一九九九年）一三八頁、一四七頁。

［5］庭山英雄、西嶋勝彦、寺井一弘編『世界に問われる日本の刑事司法』（現代人文社、一九九七年）一五九頁。

［6］Karel van Wolferen. The Enigma of Japanese Power. London: Papermac, 1988. P.292（日本語訳：篠原勝訳『日本／権力構造の謎〈上・下〉』（早川書房、一九九〇年））.

［7］田中森一『反転』（幻冬舎、二〇〇七年）一四七頁。

［8］佐藤友之、真壁昊『冤罪の戦後史』（図書出版社、一九八一年）九頁。

［9］司法の現実に驚いた五三期修習生の会編『司法修習生が見た裁判のウラ側』（現代人文社、二〇〇一年）一一三頁。

［10］青木英五郎『逃げる裁判官』（社会思想社、一九七九年）九頁。

［11］『司法修習生が見た裁判のウラ側』（前掲註9書）三二、三三頁。

［12］伊佐千尋『裁判員制度は刑事裁判を変えるか』（現代人文社、二〇〇六年）一四～一六頁。

［13］米本和広司会・構成（座談会）「司法修習生は見た！〔検察修習編〕」別冊宝島Real四一『暴走する「検察」』（宝島社、二〇〇三年）一三八頁。

［14］石松竹雄、土屋公献、伊佐千尋編著『えん罪を生む裁判員制度』（現代人文社、二〇〇七年）一〇一～一〇三頁。

［15］魚住昭『特捜検察の闇』（文藝春秋、二〇〇一年）二三六～二三八頁。

［16］『反転』（前掲註7書）一七八、一七九頁。

［17］伊佐千尋、渡部保夫『日本の刑事裁判』（中央公論社、一九九六年）四一頁。

［18］三井環『告発！検察「裏金作り」』（光文社、二〇〇三年）。

［19］佐藤優『獄中記』（岩波書店、二〇〇六年）一四～一五頁。

［20］『えん罪を生む裁判員制度』（前掲註14書）一〇二～一〇三頁。

［21］渡部保夫『刑事裁判を見る眼』（岩波書店、二〇〇二年）二〇二～二〇四頁。

［22］青木英五郎『日本の刑事裁判』（岩波書店、一九七九年）八〇～八二頁。

第三章　裁判

一　起訴

二〇〇〇（平成一二）年一一月三〇日と同年一二月二〇日、私は以下の二つの公訴事実で起訴された。ほぼ時期を同じくして山形教授も収賄罪で起訴された。

一　厚誼へのお礼と期待の趣旨で、一九九八（平成一〇）年一月一二日ころから二〇〇〇（平成一二）年三月二八日まで、救急医学講座代表山形幸治名義の南都銀行柏原支店及びさくら銀行大和王子支店の同人名義の個人口座に合計五〇〇万円を振込んで賄賂を供与した。（要約）

二　水沢昭市と共謀の上、同様の趣旨で一九九八（平成一〇）年一二月下旬ころ現金五〇万円を山形に供与した。（要約）

二　裁判を迎えるにあたって

明確に自覚していたわけではない。しかし、数人の裁判官、検察官、複数の弁護士が一堂に会し、それぞれの日程を調整し、裁判官に至っては特別な制服を一様に揃えて審理することを考えれば、法廷において審理は厳正に、丁寧に、公明正大に行われるものと期待したし、予想もした。

供述調書は決して自分の考えを率直な形で表現しているとは思えない。不本意な表現と危惧されるところは裁判では間違いなく述べよう――。

検察官が無視し、否定し、彼等の都合のよい字句や言い回しにされた部分についても、法廷では聞いてもらえるはずだと多くの被疑者は期待するだろう。私も例外ではなかった。だからこそ裁判に臨むにあたっては私もそれなりに威儀を正し、緊張もし、重要だと予想される点については練習もした。

三　私の問題

私には二つの問題があった。

一つは、二〇〇〇(平成一二)年一二月一三日(逮捕・勾留通算三五日目)に、五〇万円を山形教授一人を指定して渡したという第二事例の供述書に署名したことである。

私は取調べ中ずっと、五〇万円は奈良医大の一〇数名の医師を対象に用意したもので、決して山形個人に対するものではないと言い続けて来た。しかしこのことは一文として供述調書に記載されていない。それどころか私は再逮捕の勾留延長決定の期限を迎えるにあたって、これを山形個人に渡したものとする検察官の作文に署名したのである。

署名したこと自体はよく考えた上でのことなので悔いはない。ただ、一旦認めたものは嘘でも公判では供述調書通り「五〇万円は山形個人に渡しました」と言うべきだろうか。それとも正直に「あれは嘘でした」と言うべきかどうかで迷った。

「男は一言」という格言がある。武士道や伝統的な日本の男の美学から言えば、答えは前者である。

しかし、巨大な権力組織を背景に勾留権を駆使し、人質司法と揶揄されても意に介さず、世界にも類を見ない自白調書を作り上げ、これを精密司法などと嘯いている連中を相手に男の一言を通すことはあまりにも空しいことではないか。

私は、検察調書に書かれたことは真実ではないと主張することに決めた。

もう一つの問題は、病院職員への説明である。多くの事業体の職員は会社であれ病院であれ、最高責任者の行動を大まかには信じていると思う。彼が逮捕勾留されるという事態に最も衝撃を受けたのは職員だろう。事実の説明も私の言い分も、職員にこそ一番にしたいと思ったが、おそらく司法の実態は当事者でないと解らないだろう。だから保釈後、事件の説明は職員には意識的に最小限にしかしなかった。どうしても弁解がましく受け取られるだろうし、通り一遍の経過報告で事件の真相を納得してもらえるとは思えなかったのだ。私は「迷惑をかけた。申し訳ない。真相は裁判で明らかにしたい」という謝罪ですませた。

「裁判の中で職員に報告したい」というのが、私の結論であった。このため、地裁、高裁の公判を通じて気象会の職員約三〇名に毎回傍聴人として出席してもらった。都合のよいことばかりではない。中には聞かせたくない話も出て来るだろう。しかし、それでもその便宜を図ることが私の「職員への誠意」でなければばならないと考えた。私の古い友人である法曹は、多くの職員を傍聴席に集めて公判に臨んだことを、まるで圧力を意図したかの如く非難したが、私はあくまでも公判を通して職員に説明したかったのだ。

私は二つの問題を、このように納得して裁判に臨んだ。

気持ちに引っ掛かりが残らなかったわけではない。しかし、これ以上の結論を探せなかった。迷いはない。

四　審理

裁判で私は起訴事実を全面的に否認して争った。しかし裁判官は検察側の主張をほぼ全面的に認め、私は有罪となった。判決は検察官調書をなぞったものであった。詳しくは第二部に譲る。

刑事訴訟法では「直接主義」が謳われ、裁判所が直接取調べた証拠だけを裁判の基礎とし得るという原則がある。しかし、判決文を読んでもわかるとおり、被疑者・被告人が公判で述べたことに、裁判官は聞く耳を持たない。ただただ供述調書に依存する彼らには、法令を遵守する頭脳と精神がない。専ら検察への従属を業としている。

——以上がおおよそ私の立場から把握した経過であるが、公判が始まって、供述調書と公判の証言から振込みを受けた側の事情も少しずつ判ってきた。

教室に寄附金を入れるために私が記入した「研究費等寄附金承認申請書」は学長まで届いておらず、毎月一〇～二〇万円振込んだ合計五〇〇〇万円は山形が私的に使っていた。また、年末の挨拶として奈良医大の一〇数名の先生のために用意した五〇万円は山形一人に渡っていた。大学以外の人たちに用意した二〇万円も別の一人の教授に渡っていたが、これは諸般の事情で立件が見送られた。

こういう事実に立って、主として私の認識と行為が審理の対象になったと思われる。

第二部　司法の壁——判決の検討

裁判官を含めた司法の腐敗ぶりを指摘するために、主として一審・二審で受けた判決について検討を加えたい（最高裁は事実認定の審理をしない）。

検討に際しては、一審・二審の判決文からそのまま引用する。なお判決文の主要部分は巻末に収録し、本章以下の検討で引用した部分には傍線を付した。引用した判決文に付した頁数と記号は、本書第五部に掲載した判決文（二二三頁以降）と対応している。

なお、一審・二審の裁判官・検察官は以下の通りである。

【一審】

大阪地方裁判所第一四刑事部

裁判長裁判官　角田《つのだ》正紀《まさのり》

裁判官　岩田光生《みつお》

裁判官　田辺暁志《さとし》

公判担当検察官　矢本忠嗣

（中途より）　濱田剛史

中野彰博

【二審】

大阪高等裁判所第三刑事部

裁判長裁判官　今井俊介《しゅんすけ》

裁判官　宮崎英一

裁判官　難波　宏

公判担当検察官　室田源太郎

第一章　贈賄の認識

一　本人の認識と供与の開始

【一審判決文】

第二七回公判で、医師派遣の謝礼として相当高額の商品券を奈良医大教授に渡したこと自体については法律に触れる悪いことをした旨供述しており、被告人自身、地方公務員である奈良医大教授に医師派遣の謝礼として相当高額の金品を供与することが違法であるという認識を有していたことを自認していること、実際、被告人が、自ら水沢相談役と共に商品券を教授に手渡すときには、商品券を菓子折と共に渡しており、外見上は単なる菓子折りの贈与を装っていること、平成九年九月頃に被告人が川島康忠（仮名）教授に対して供与した

【二審判決文】

上記各振込送金が、被告人において、医局の主催《ママ》者である教授に医局からの医師派遣の実質的な決定権があることを認識しながら、山形に対して香芝病院への医師派遣を依頼し、複数回にわたって高額の商品券を渡したり、ゴルフや飲食の接待をするなどの働き掛けを行う過程で、山形本人からも直接月々一〇万円の支払を要求され、これを承諾することによって開始されていること

〔（理由）第2、二四一頁傍線㋺〕

二十万円相当の商品券について、川島教授から被告人に対してこのような心遣いは無用ということで返還されたことがあったこと、そして、被告人が、山形が地方公務員である奈良医大教授であったことを明確に認識し、医局からの医師派遣の仕組み、とりわけ山形の果たす役割について知悉していたこと、さらに、賄賂を収受した山形において、受け取った金銭について、賄賂であると明確に認識していたわけではないが、表に出せない金銭であるという認識を有していたことなどに加え、被告人の捜査段階の供述内容に照らせば、被告人において、月々十万円ないし二十万円の合計五百万円の振込及び現金五十万円の供与について、明確な認識を有するまでには至っていなかったものの、賄賂性の認識を有していたと認められる

〔(事実認定の補足説明)
第2、4、二三五頁傍線㋑〕

一審判決文は「医師派遣の謝礼として相当高額の商品券を奈良医大教授に渡したこと自体については法律に触れる悪いことをした旨供述しており……」と、公判で私が賄賂性の認識を有していたと認める供述をしているとしている。しかし実はここで、先に第一部第二章「二　取調べの問題点」(五八頁)で指摘した「錯簡」手法が用いられている。私が公判供述で認めた「違法の認識」は、第一部第一章「六　『余罪』の話」(五〇頁)に記載した商品券に関してであって、今回立件された二件とは無関係である。

私が賄賂性の認識を認めているとされた部分を引用する。

【検察官の尋問】

――あなたはそうやって、そうするとお医者さんを派遣するときに、商品券とか、菓子折りはともかくとして商品券とか渡したわけだけども、そのときに何かちょっとおかしいんじゃないかなとか、やばいんじゃないかなとか思いませんでした(か)。

「商品券、やっぱり高額だと悪いと思います。」

――二〇万と言ってましたね。

「だったと思います。」

――悪いと思った。

「はい。」

――悪いと思ったのに、渡したのはどうしてですか。

「やっぱり医者を派遣してほしかったんです。」

――来てほしかったから。

「はい。」

――欲しかったということですけれども、先生、お医者さん、公務員ですよね。

「はい。」

――山形先生、公務員ですよね。

「はい。」

――ドクターを派遣してもらうに際して、商品券を渡すわけですわね。

「はい。」

――悪いと思ったと。悪いと思ったというのは、端的に聞きますけど、これ、わいろじゃないかなと思ったんじゃないですか。

「はい。」

――思ったんですよね。

「はい。」

――わいろということは分かってたけど渡したと、そういうことですか。

「いいえ、私たちは分かりませんでしたけれども、わいろだと思います、当然今から考えて。」

――そのとき考えても、わいろなんじゃないですか。

「その辺のところが、皆さん、僕も含めてピンぼけてたと思います。」

――今の流れだと、当然わいろだと分かってたようにしか思えないんですが。

「はい、悪いと思います。」

――悪いというのは、どうして悪いんですか。

「金銭を渡すことは悪いと思います。」

――ドクターを派遣するということに関して金銭を渡すというのは、金銭で左右するわけだから悪いですよね。

「そうです。」

――何となくこれはまずいことだと、法律に触れるというような意識があったんじゃないですか。

「はい。」

〔第二七回公判（平成一四年四月二四日）速記録〕

このように、検察官は作為的に立件とは関係のない話を持ち出している。裁判官達が判決文で意識的にこのような差し替えをしたのであれば、それは重大な犯罪と言わざるを得ないし、無意識にしてしまったのならあまりにも不注意である。いずれにせよ判決文は偽造されていることになる。また、差し替えでなく犯罪の背景として利用するにしてもあまりに無理がある。立件された二件とは関係のない話を裏付けとすることは「予断排除」という大原則に反しているし、審理対象のすり替えによって判決文の体を成していないことになる。

二審の判決文は公判で認めているとは言わないものの、同じ背景を指摘している。複数回の商品券やゴルフ、飲食の接待をしている背景の中で振り込みをしていることを贈賄の根拠としているが、それは別個の行為であって論理が飛躍しすぎているし、本来の法律用語としての意味ではないかもしれないが、「予断」が排除されていない。

ところで判決文は、商品券を渡すのに「単なる菓子折りの贈与を装っていること」を賄賂の認識の根拠の一つにしている。だが市民社会では、賄賂と見なされない図書券や菓子箱一つでもできるだけ人目につかないように気を配る人は多い。たとえ純粋にお礼の表現であっても他人から見れば饗応の要素はあり、ましてやせっかくの感謝の行為が相手に迷惑になる可能性さえあることを考えれば、そのように体裁を整えることを賄賂の認識があったと決めつけるのは拙速にすぎる。

一審・二審の判決文は共に教授の権限について触れているが、教室や医局の有り様は各教室・医局で千差万別であり、一律に教授が圧倒的な権力を発揮していると決めつけるのは正しくないし、権限が強いから予算も自分勝手に使えるというのもおかしい。

権限と予算の消費との間には一定の境界線があるのが普通である。教室に入れたから教授個人に対する献金に相当するという言い方をされても納得できるものではない。「医師派遣の仕組み、とりわけ山形の果たす役割について知悉していた」と説明しているが、それぞれの医局内の力学について、実情は外から窺い知れるものではない。

二　捜査段階の供述

【一審判決文】
被告人自身、捜査段階において、最終的には、当該振込が、山形個人に対する医師派遣の謝礼であった旨供述しているところ

〔(事実認定の補足説明)第2、3、(3)、二三四頁傍線㈧〕

【二審判決文】
加えて、被告人は、捜査段階において、上記振込送金が山形に対する賄賂であり、そのことを認識しながら経理担当者等に振込送金の指示をした旨の供述をしていること(この供述は、上記各事実関係を合理的に説明できるもので、十分信用できる。)

〔(理由)第2、二四二頁傍線㈡〕

確かに私は取調べに際して主張を明確に通せなかった部分はある。自らそういう供述はしていないが、署名した検察官調書には贈賄ととられても仕方のない部分もある。

調書を作成する時、もちろん私は自分の意思を貫きたい。しかし同時にできるだけ検察官の気持ちに逆らわないようにしないとまずいとも考えてしまう。

勾留期間は検察官の胸三寸で決まることが判って来るとなおさらである。勾留延長も保釈の先延ばしも裁判官の判断は検察官次第というのが今日の日本司法の常識である。

一審・二審の判決文が「山形個人に対する医師派遣の謝礼」「山形に対する賄賂」だと私が認識していたという根拠であるが、代表的な部分を供述調書より挙げてみよう。

当初は、山形教授が医局員にも分かる方法で、医局関連の費用に使うのだろうと理解しており、山

形教授との約束どおり、その口座に一〇万円、途中から二〇万円を送金しました。

実際には、教授が医局から医師を派遣すれば、教授個人が謝礼を受け取ったり、医局に医師派遣を受けている間の対価として金を払うことはあります。公務員である教授の場合は、賄賂となることは当然分かっていました。しかしこれは挨拶代わりの慣行だったので、私自身も大それたことをしている感覚を持ちませんでした。

私は、山形教授は、医師を派遣するお礼として月一〇万円が欲しいと言っていると理解しました。自分が自由に使える形で金を欲しいということだと、理解しました。

事前に水沢さんからは、山形教授個人へのお礼だと聞いていたし、要求された場所は、他の医局員が全く関与しない私的な夜の飲食場所だったので、そう受け取りました。

私は、山形教授個人に対するお礼であっても支払うつもりでしたから、「分かりました。どのような方法にするのかを考えてみます」と言って、謝礼の支払いを承諾しました。

私は、謝礼ですから、それをどう使おうが山形教授の勝手だと思い承諾しました。

このときは、山形教授と飲食しただけで別れました。

医局への寄附でも山形教授個人への研究助成でも、寄附の形だけできれば、絶大な権限と力を持っている山形教授の判断に従って研究費としての形ができる方法で、自由に使ってもらえばよかったのです。山形教授に任せていることなので、私にとって、具体的な使い途は問題ではありませんでした。ただ、山形教授が自由に使える金でも、せめて、医局に関連した飲食費、山形教授が研究する際に使う飲食費、学会を主催して出席者を呼んだときに渡す足代など、医局の慣習として許される範囲で、医局員も納得するように差配して使ってくれると思っていました。ところが今回、山形教授が全く私的に使っていたものもあると聞き、騙されたような気になり、自分の思った使い途とは違うと検察官にも言いました。

しかし、名目は何であれ、山形教授がその支配下の医師を派遣する謝礼として差し上げたものです。私が期待したこと以外に山形教授が金を使っても、文句を言えるものではなく、今更、山形教授に金を返してくれと言うつもりはありません。

私は救急医学教室に関連した使い途に使われると思って振込みを決めましたが、山形教授の差配に従って使ってもよい金ではありました。

私は、救急医学教室に関連した使い途ならば、山形教授の差配に従って使っても良い金として振り込みました。

検察官から、振込先が「救急医学講座代表山形幸治」の名義になっているが、振り込む相手は医局と考えていたのか、大学と考えていたのかと聞かれました。これに対する返答には、正直言って困ってしまいます。

私は、山形教授が用意した形式に基づいて医局関連の費用の枠の中で山形教授が使えばよいという意味で、山形教授の希望どおりに振込んだ金でしたから、そのように使ってくれればよいと考えていました。

私は、振込の相手は、最低限医局という形だったとしか答えられません。

〔平成一二年一一月二一日供述調書（要旨）〕

今ここに示したいくつかの文書は、一審・二審の判決文に言う賄賂とその認識の根拠となった捜査段階の供述のうち、代表的なものを紹介したものである。

私は次のように考えていた。これは今でも変わりない。

教室へ納める。その使い道は教室の自由である。できるだけ研究に関することに使ってほしいが、そこまで条件を付けるつもりはない。

今では事情は多少異なっているだろうが、「医局封建制」という言葉で形容される如く、かつて大学の教室において教授は圧倒的な力を持っていた。山形教授の教室がそうであったかどうかは知る由もないが、いずれにせよ教授が教室の代表者としてそのお金をどのように采配しようと、ほとんど自分の研究のみに充てようと、それは私が云々するところでないし、できることではない。しかしこれはあくまでも大学の承認の上、教室の口座に入れるお金である。経費処理は教室のルールであれ不文律であれそのやり方通りにやってくれればよい。

私はずっとこう主張していた。しかしこれら供述調書の内容は必ずしもそうではないところもある。

ここで供述調書を取られたことのない人には想像し難いかもしれないが、これらの「供述」は、決して被疑者が話したことをそのまま書き写したものではない。

検察官は有罪を導くためにそうあって欲しいと思う有罪の要件をいろいろと誘導しながら尋問し、一通り終了するとタイプを打つ。そしてその原稿を見せ、間違いがなければ署名をしてくれと言う。これは被疑者にとって大変な作業である。有罪を渇望する人間が無罪を主張する被疑者の主張を文章化するのだから、まともな文章になるはずはない。被疑者はできるだけ真実を言いたいが、検察官の思い込みと期待は逆である。供述調書の作成作業は、まさに検察官と被疑者との闘いである。

司法についてよく知らない多くの被疑者にとっては、そもそも供述調書が司法過程の中でどういう位置づけなのかが判らない。これは決定的な証拠か、裁判の参考程度のものか、単なる指針か。決定的であるなら、慎重の上にも慎重に検察官と対峙しなければならない。が、もしそうなら法廷での尋問や審理は不要となって裁判は形だけのものになってしまう。それでも最初は正直に喋ればよいのだからと考えていて、さほどひどい心痛は感じなかった。私にとって大きな問題となってきたのは、日が経って勾留期間も延び検察官の押し付けが強くなってきてからである。一日一五分だけ認められる接見で弁護人は「できるだけ本当のことを喋って下さい」と言うのみだった。

検察官は、はじめは遠巻きに少しずつ、私の無知を利用したり私の気持ちを代弁したり弁護したりしながら、山形個人への振り込みだという供述を引き出すべく攻めてくる。これに対して私は教授の権限、医局の分析、予算の使われ方等、検察官の知識・理解・気分や主張にできるだけ妥協しながら、個人の口座に振り込んだという事実だけは認めないという戦術を取った。そうしなければ検察官はとてもおさまらないと思ったのだ。逆にそれさえ守ることができれば、私の本意を裁判で十分主張できると考えた。

私は私なりに闘った。しかし同じことを手を変え品を変えて聞かれている間に、相当の「ミス」があるように感じられるようになった。そのために後には検察官に、私の言ったことを私の言葉でその通りに記録するように要求したり、なぜ何回も何回も同じことを聞くのかと質問したりした。検察官は私の話したことをそのままの言葉では調書にはできないと答え、何回も尋ねることについては、被疑者は取調べの期間に考え方や記憶が変わってくるからだと答えた。この時は私はまだ検察は真実を追究しているものだと信じていた。しかし実は何日もかけて同じ問題の調書を反復作成するのは、検察の思う筋書きに合うまで、少なくとも裁判官が有罪にできる範囲までの調書を作るためであった。

このようにしてできあがった供述書は、少なくとも私には相当不本意な文章となっていて、私に不利だと思える。

しかし後々になると、私は検察官の示す文章を気持ちを引き締めて何度も何度も読み返すようになった。検察官が「紙に穴を空けるのか」と冗談とも本気ともつかない言葉をかけるほどであった。

先に引用した平成一二年一一月二一日供述調書の文章を見てほしい。

「振込みをする相手は、最低限医局であるという形であったとしかお答えできません」という一文である。これは取調べ中、私が振込み先について「教室である」「医局である」と何度も説明してきたうちの一部分が記録されたものだ。これは検察にとって不利な供述だが、この一文が供述調書に残ったことを検察官のミスだと私は考えている。取調べの中で検察官は「教室に入れても黒だ」と主張していた。しかしもしそうなら奈良医大で作成している研究費等寄附金承認申請書そのものが違法ということになってしまう。私は阿呆らしくなって言い張るのを止めてしまったが、検察官は本気でそう信じていたからこそこの一文を残したのだろう。一審の裁判官はそれでも気が引けたのか、判決文の「被告人自身、当該振込が、山形個人に対する医師派遣の謝礼であった旨供述している」という記述の前に「捜査段階において、最終的には」と但し書きをつけている。なるほど私が「最低限医局である」と明言している供述調書は二〇〇〇(平成一二)年一一月二一日で比較的早い時期のものである。しかし、その後に贈賄を認めるような紛らわしい供述が見られるようになる。

かつて松川事件の控訴審有罪判決をした鈴木禎次郎裁判長は、花巻放火未遂事件でも被告の逮捕後、短時日の間になされた自白(逮捕の翌日から自白が始まる)であるからという根拠で任意性を認めて有罪判決を言い渡している[23]。

検察官作文の平成一二年一二月七日・八日の供述調書にも次のような件りがある。

私は、山形教授に救急医学教室から医師を派遣して欲しいという趣旨で、平成一〇年一月から私なりに考えた医局費として使ってもらう月一〇万円の謝礼を定期的にさし上げ続けました。時によって、現金をさし上げたり、商品券をさし上げたりしました。

山形教授が医局に関連した費用として使い、寄附という形を税務署で認めてもらえれば構わないと思い、振込をさせました。

〔平成一二年一二月八日供述調書(要旨)〕

これは検察より証拠として提出された供述調書のうち、振込の趣旨について述べた最後の供述である。つまり私は取調べのどの段階においても振込みは医局(教室)に対するものであると言い続けているのだ。

一体この判決はどうなっているのだろう。

有罪のために有利な証拠を集めて不利な証拠を無視したのでは、到底判決文の体《てい》をなさない。これは世に「つまみ食い判決」と言われていることを後になって知った[24]。

三　山形教授の実質的決定権

【一審判決文】

被告人と山形の意思疎通は主として水沢を通じてなされていたこと、被告人に対し、山形及び水沢から、山形個人に対する振込であるという明確な説明がなされていなかったとうかがわれることなどを十分考慮してもなお、被告人は、研究助成という名目や奈良医大ないし救急医学教室及び救急科に対応する医局への寄附といった形式面を重視したわけではなく、要するに、医師派遣に対す

【二審判決文】

(特に言及なし)

る謝礼として、医師派遣について実質的決定権を有していた山形の望むとおりに、金銭を振込送金していたと認められるのであり、当該振込に係る金銭について、山形が医局に無関係な全くの私的な用途に費消したことは予想外であったにせよ、山形個人が自由に使とを認識していたというべきであって、その意味では当該振込先が山形個人であることを認識認容していたと認めるのが相当である

〔（事実認定の補足説明）第2、3、（3）、二三四頁傍線㋭〕

「医師派遣について実質的決定権を有していた山形が望むとおりに、金銭を振込送金していた」のだから、入金先が医局であっても「山形個人が自由に使用できるものであることを認識していた」とするわけである。このような得手勝手な裏づけのない感想と想像と勝手な解釈だけの文章には答えようがない。確固たる認識の根拠も論理性もない。これに対して弁護人作成の控訴趣意書（控訴の申立てをした者が不服の理由を主張するため、弁護側が控訴裁判所に提出する書面）は次のように批判する。

「被告人は研究助成という名目や奈良医大ないし救急医学教室及び救急科に対応する医局への寄附といった形式面を重視したわけではなく」(判決文)との認定自体に異議があることは後述するところであるが、「医師派遣に対する謝礼として、医師派遣についての実質的決定権を有していた山形の望むとおりに、金銭を振込送金していたと認める」(判決文)ことから、なぜ、この口座振込みにかかる金員をもって、山形個人に対する振込と結論することができるのか。

被告人は「医師派遣に対する謝礼として、医師派遣についての実質的決定権を有していた山形の望むとおり」(判決文)、「救急医学講座代表」口座に振込を行っていたものであって、この事実からは、被告人が医局に対する振込を行っていたと考えるのがむしろ通常である。しかるに、原判決には被告人が「救急医学講座代表」の口座を山形個人の口座と認識していたとする事実は全く摘示されていないばかりか、むしろその前段には、「被告人に対し、山形及び水沢から、山形個人に対する振込であるという明確な説明がなされていなかったということがうかがわれる」(判決文)との事実認定がなされているのであって、原判決の論理は誤っていると言うべきである。

控訴趣意書は続いて判決文を次のように批判する。

「山形が医局に無関係な全くの私的な用途に費消したことは予想外であったにせよ、山形個人が自由に使用できるものであることを認識していたというべきであって、その意味では当該振込先が山形個人であることを認識認容していた」(判決文)との論理も矛盾している。「山形が医局に無関係な全くの私的な用途に費消したことが予想外である」（判決文）ということは、つまり山形が医局に関係ある用途に使うことを予想していたということであって、振込口座の名義からしても、むしろ、被告人は当該振込先が山形個人ではなく医局であると認識していたと結論されるべきは当然である。医局に対し絶大な権力を有している山形は、実質的に医局のお金を自由に使うこともできたかも知れないが、その事と、支払先が医局か山形個人であるかに関する、被告人の認識とは無関係である。

絶大な権力を有することと、私的に「お金を自由に使う」こととは直結するものではない。「力」を根拠に振込み先が山形個人であると言われても、納得できるものではない。

「山形個人に対する振込であるという明確な説明がなされていなかったと窺われることなど……」どころではない。そんな説明は一切なされていない。

四　客観的事情について

【一審判決文】

前記の形式面を除いて、当該振込先が、山形個人ではなく、救急医学教室及び救急科に対応する医局であったと明確に認識していたと窺われる客

【二審判決文】

（特に言及なし）

観的事情が認められないこと
〔(事実認定の補足説明)
第2、3、(3)、二三四頁傍線(ヘ)〕
それでは、被告人が振込先が山形個人であったと明確に認識していたと窺われる客観的事情を指摘できるのか。

司法の原則は有罪の証明であって無罪の証明ではない。この判決文の論理は原則が逆転している。認識の問題に客観的事情を要求することは無理な場合が多いが、あえて言えば、「研究費等寄附金承認申請書」の署名は被告の認識を物語る紛れもない物証ではないか。銀行振込みで要求されたこと。特別な意図なり策略のある場合を除いて、贈賄を企てるのに、記録が残る月々の銀行振込みをするだろうか。私の場合はそれを聞いて、お金は教室へ入るものだとまず思い込んだ。

続いて、振込先の名前の入ったメモは明らかに「講座代表山形幸治」とあったこと。

また、振込みに先立って主要教室員と病院幹部の焼肉の食事会ができたこと。

これらは判決の言う客観的事情に当たらないだろうか。要するに裁判官というのは「取調べの早い時期にしているから」とか「最終的には」とか勝手な屁理屈を並べて、任意性と信頼性の根拠にしてとにかく有罪の結論に持っていくわけである。ところがせっかくの屁理屈であったが、被告人を有罪にしたければ、検察官と裁判官はこの申請書の偽装の謀議を示さなければならない。

被告人の記した申請書が学長に届いていない事実は被告人の認識とは全く関係がない。山形は公判で彼自身個人的に受け取ったと述べているが、供述調書でも公判でも、被告人である理事長と偽装をしたとも理事長に通知したとも言っていない。事実は別として、「自由に」使わせてもらいますと礼を言ったのみである。水沢も公判の一部でぶれはあるものの、ほぼ同様である。

この件について控訴趣意書は次のように述べている。

本件金員は、客観的には医局に対する寄附としてなされているものである。それを示す多くの事実の存在にも関わらず、原判決がなおも、「被告人においては、これを山形個人であることを認識していた」と認定するのであれば、そこには、山形との間において明らかな共謀の事実や被告人がその旨認識していたことを根拠付ける明確な事実の存在が必要となるはずである。然るに、原判決は、それら明確なる事実を何一つ指摘することなく、むしろ被告人においては、『形式面を除いては、当該振込先が山形個人ではなく、医局であったと明確に認識していたと窺われる客観的事情が認められない』(一審判決文)ことを被告人の賄賂性の認識の根拠としており、事実認定の論理を全く逆転させている。

裁判官は挙証責任の所在が解っていない。

五　山形教授の自由な使用という意味

【一審判決文】

金銭について山形が自由に使うことを被告人が了解していた内容の会話があった旨明言していること

〔(事実認定の補足説明)第2、3、(3)、二三四頁傍線㋣〕

【二審判決文】

(特に言及なし)

裁判官は「自由に使う」を個人的な使用に委ねる意味と判断しているが、通常大学で自由に使うというのはテーマの制約を受けない研究費を意味し、私的に受け取る場合、わざわざ「自由に使わせてもらいます」等と言わない。他ならぬ、この言葉を発したという山形自身も裁判長にそのように説明している。文脈や状況を無視して、ただ「自由に」という言葉だけを取り出して、これを世俗世間的な意味に解釈するのは言葉の遊びでしかない。

山形の公判での証言を集めてみる。山形が言った「自由に使わせてもらう」の意味は、判決の言うような「個人で自由に使う」という意味だろうか。

【検察官の尋問】

――山形教授、要するに証人が自由に使えるお金ということでいただくという話だったのか、それとも医局のために使うとか、そういうことに使うということだったのか、そこはどうなんですか。

「それは私の研究活動、個人のために私が自由に使えるお金ということでお願いしたし、いただいたと思ってますし、石田先生にも出していただくようになって有り難うございますというふうに言いました。」

——それは被告人に直接ということですか。

「はい。」

——そのときに、研究費として使うからというような話はしたことはあるんですか。

「いや、自由に使ってくださってというふうに石田先生に言われたし、私の個人の、いろいろお金が研究費、研究活動にかかりますので、それで使わしていただきたいという話は食事のときとかそういう間にもしたと思います。」

〔第二四回公判（平成一四年三月六日）速記録〕

【裁判長の尋問】

——これ自体は石田ともしてるんですか。水沢だけですか。

「水沢さんと秋田さんとしましたし、まあ、口座うんぬんとか、私の名義とかいうのは石田先生とは直接話したことはありません。自由に使わしていただけるというお話と、お礼を言ったつもりはありますが。」

——自由に使わしていただけるお金ということははっきり言ったんですか。

「はい。ゴルフに行ったときにそういうふうにお金を出して援助していただけるようになりましたので有り難うございますということで、そのときに私が自由に研究活動のために使わしてもらいますのでということを言いました。」

――ゴルフに行った際とおっしゃるんですが、いろいろプレー中に雑談したり、それからお昼を食べるとか、終わった後に一杯やるとか、そういうときに話しする機会があるんですが、あなたの記憶としてはどのような機会に話をしたという記憶ですか。

「多分、朝のゴルフに行ってスタートする前にコーヒーブレイクしてたときだと思いますけど。」

――それはそれなりの記憶はあるわけですか。

「はい。」

〔第二四回公判(平成一四年三月六日)速記録〕

【検察官の尋問】

――そのときの証人の認識ですけども、そのときに研究としても使うというのもあったと思うんですが、それ以外に個人的用途で使うという認識は証人はあったんですか。意味は分かりますか。

「はい。」

【裁判長の尋問】

――石田には自由に使える研究費という話はしてますよね。

「はい。」

――それはしかし、研究費に現実に使おうとしていたのか、ある程度私用でも使うというつもりであなたはいたのか、そのへんはどうですか。

「それは私用でも使おうという気はありました。主に学会活動といっても学会開催地に行く費用とかそのついでの旅行とかもありましたから、そういう意味でそこからお金を出すということは、かなりプライベートなことですし、それにも使おうということで。ほかに何か必要になれば、そこからプライベートのことで使おうというつもりもありました。」

――自由に使えるというところがあなたとしては大事というか、だけど研究費等に使うという、研究費というオブラートみたいな修飾もつけているわけですよね。

「はい。」

――それはなぜつけたということになるんですか。やっぱり外聞をはばかったというか、そういう趣旨ですか。

「ええ、自由にと。私がいただいて、教授がいただいて自由にと言ったら、やはり研究用途というかそういう研究活動に使われるというふうに見ていただけるだろうという、そういうつもりがあったので言いました。」

〔第二四回公判（平成一四年三月六日）速記録〕

これらの証言からしても、「自由に使う」という言葉の意味は研究費として自由に使うという意味で両者（山形と被告人）の了解があったと考えるべきだろう。ただ、私は実際に「自由に」という会話があったとは思っていない。山形の記憶違いだと思う。一〇万円(当初はこの額)を約束したのは一九九七(平成九)年一一月二八日であり、ゴルフ場の話は一九九八(平成一〇)年三月一日で、三カ月も経たいかにも時期はずれのお礼であり、とってつけた解釈だと思う。

控訴趣意書は次のようにまとめている。

山形は原審公判廷において、ゴルフ場で、金員の趣旨について「自由に使わして頂けるお金」という内容の話をしたと証言した(山形第二四回公判)。もし、このような話を贈賄者と収賄者が直接、余人を交えずしたとすれば、その事実は極めて重要な事実である。取調官が聞き逃すはずはないし、調書に記載しないはずはない。

ところが山形の検察官調書には、被告人とゴルフをしたことに言及した部分はあるが、その際にも被告人との間で金員の趣旨について話をしたとの記載は一切ない。これだけでも、山形の供述は到底信用できないのに、これに加えて、山形はそのような会話の為された際の状況について、裁判官の質問にはそれがスタート前のコーヒーブレイクの際であった(山形二四回公判)と証言しておきながら、検察官の質問に対しては、一転してプレーの間の会話であった(同)と答えており、真の記憶に基づいた証言をしたとは考えられない。

さらに、山形がこのような会話があったとする平成一〇年三月は、既に山形指定の口座に金員の振込が為され、現に山形はその金員を自己が自由に使っていたのである。従って、その段階で、ことさらに「自由に使えるお金」であることを確認するということ自体、あり得ないことである。

［23］青木英五郎『日本の刑事裁判』（岩波書店、一九七九年）一一九頁。
［24］秋山賢三『裁判官はなぜ誤るのか』（岩波書店、二〇〇二年）一九四頁。

第二章　寄附の手続

一　研究費等寄附金承認申請書の誤記と遡及等の取扱い不備

【一審判決文】

作成された二通の申請書をみると、申請者氏名欄には、本来、寄附の承認を申請する者、本件でいえば、東朋香芝病院側の者の氏名が記載されるべきであるのに、申請者氏名欄に山形の署名押印がなされ、また、最初に作成された申請書については、寄附金額の欄に一二〇万円と記載されていたにもかかわらず、一二〇万円全額の支払いがなされる前に、新たに二通目の申請書が作成され、二通目の申請書については平成一〇年一〇月に作成されたにもかかわらず、作成日付は同年七月と記載され、そして、平成一一年七月以降の振込につ

【二審判決文】

山形においてすら誤って記載した事に気づかなかったのであるから、これを賄賂性及びその認識を推認させる一事情とすることは相当でない

〔(理由)、第2、二四一頁傍線ⓧ〕

学長宛の研究費等寄附金承諾申請書が作成されていながら、学長からの承諾があったか否かを確認することもなく、また、山形が手書きのメモで指示した預金口座に振込送金がされていること、振込送金額が二〇万円に増額された際にも、研究費等寄附金承諾申請書が作成されているが、その

いては申請書が作成されておらず、さらに、当該申請書がその後いずこにあるのか、奈良医大に提出されたか否か、寄附の承認が得られたか否かなどについて、東朋香芝病院側の者も山形も、一切知らず、確かめようともしていなかったのであって

〔(事実認定の補足説明)第2、3、(3)、二三三頁傍線㋠〕

作成日付欄に平成一〇年七月一日と日付が遡って記載されるなどしている

〔(事実認定の補足説明)第2、2、(9)、二二八頁傍線㋷〕

書類は、学長宛の文書でありながら、ファックスで送信され、印字された用紙を用いて作成され、しかも、送信記録から明らかに申請日を遡らせた日付で作成するなど、香芝病院の事務部門においても同申請書を振込みのための形式とだけしか扱っていないような取り扱いがされていること(このことは、増額分として作成された二四〇万円の研究費等寄附金承諾申請書に基づく振込送金完了後の平成一一年七月分以降が、新たな研究費等寄附金承諾申請書を作成することなく継続して振込送金されていることからもいえる。)

〔(理由)、第2、二四一頁傍線㋹〕

私が水沢と共に山形と難波の「深川」で会食した数日後、水沢を介して「研究費等寄附金承認申請書」が届けられた。そこには既に「申請者」欄に山形の署名が記入されており、私は「寄附者」欄に署名すればよいようになっていた。なおこの申請書には入金口座を記入する欄がなく、入金口座については別に、山形による手書きのメモが添えられていた。

公判が始まって判ったことだが、この申請書は学長まで渡っておらず、この申請書を作成したこと自体が個人への賄賂を教室への寄附と見せかけるための偽装だとされた。判決文はこの書面の「不自然さ」を偽装の根拠にしようとしている。

寄附金申請書の記入の仕方については必ずしも検察官や判決の指摘が正しいとは思わないが、一審の判決文では①記入方法が間違っていること、②取り扱いが杜撰なこと、③研究助成とすれば税法上有利であることを理由に被告人の主張を斥けている。しかしこの三点はいずれも私の主張を斥ける理由としては不十分で、およそ偽装行為の根拠となるものではない。

あえて問題があるとするなら一九九九（平成一一）年七月分以降の更新手続ができていなかったことだろうか。確かに杜撰であることは認めるが、大企業や公務員の世界とは違い、中小病院の事務長と大学の教室の間で事務処理が隅々まで正確になされないことは往々にしてある。例えば大学派遣の医師の場合でも一般募集の医師の場合でも、一年毎の労働契約がお互いの不注意から更新されないまま勤務が続行している事も日常的である。しかも派遣する大学病院と派遣してもらう関連病院の立場を考慮すると、大学側からあえて更新の要求がない限りそのままになるのが普通である。一種の甘えだろうし、処理が杜撰であったことは間違いのないことだが、それを偽装の根拠とするのはおかしい。その上、これが病院事務部門の瑕疵《かし》であったとして、それが理事長（被告人）の管理責任の範囲であったとしても、それをもって理事長に偽装の意図があった根拠とすることはできないだろう。以前、山陽医大に対してこの種の寄附をした時も、被告人がそれを確認したことはない。申請書の所在については、こちらは申請者は山形教授と考えているのだから本来の控えは大学の教室にあるはずで、知らないのは当然である。

この点に関して、控訴趣意書は次のように反論をまとめている。

（ア）原判決は「申請者氏名欄には、本来、寄附を申請する者、本件では東朋香芝側の者の氏名が記載されるべきであるのに、申請者氏名欄に山形の署名押印が為され、……」（一審判決文）というが、先に述べたとおり、本件申請書は山形が必要事項を記入した上で、被告人の手元に来たものであって、大学内部の者たる山形教授すら気付かなかった誤り（第二五回公判速記録）を、大学外の一介の医師である被告人に気付けという方が無理である。そして、山形自体、公判廷においても検察官から指摘されるまで、申請書の正しい形式を認識していなかったのであり、申請書の形式面の間違いから、被告人がこれを形式的に作成したものと認定することはできない。

（イ）また（最初の申請書分）の「一二〇万円全額の支払が為される前に新たに二通目が作成され」（一審判決文）ているとあることについては、申請した事項の期限前に新たな申請書が作成されること自体、不自然なことではない上に、これも、香芝病院の事務長秋田の依頼によって、山形が必要事項を記入の上、被告人に渡されたものであって、被告人がその点に何らの疑問を持たなかったとしても、不自然とは言えない。

（ウ）「二通目の申請書については、平成一〇年一〇月に作成されたにも関わらず、作成日付が同年七月」（一審判決文）となっていることについては、作成日を実体にあわせ、バックデイトさせることは通常行われる事項である。裁判所でも、訴訟行為が進行した後で、後日になって各種の訴訟上の書類が日付をバックデイトして作成されることがあることを想起すべきである。よって、本件寄附が、同年七月からのものである以上、作成日付の点は、何ら不自然とは言えない上に、その手続を行ったのは、被告人側事務方である。

（エ）「平成一一年七月以降の振込については申請書が作成されていない、……」（一審判決文）ことは、事務方の怠慢であって、これに気付かなかったことをもって、被告人の認識を問う根拠とする程の事実ではないと考えられる。

（オ）「申請書がどこにあるか、医大に提出されたか否か、寄附の承認が得られたか否かなどについて、病院側の者も山形も一切知らず、確かめようともしていなかった」（一審判決文）（一部修正）ことについては、被告人としては山形の要請に基づき作成された以上、当然山形に渡っているものと認識していたものであって、寄附承認がどのような手続で行われるのかについて、認識していなかったとしても何ら不自然とは言えない。

二　口座を記したメモ

【一審判決文】	【二審判決文】
「救急医学講座代表山形幸治」名義の普通預金口座が書かれたメモ	山形が手書きのメモで指示した預金口座に振込送金されていること
〔（事実認定の補足説明）〕	〔（理由）第2、二四一頁傍線⑦〕

〔第2、2、(7)、二二七頁傍線㋾〕

振込口座の指定がメモであったこと、またはメモが手書きであったことが、偽装の根拠の一つとされている。しかし元々申請書には口座(番号)を記入する欄がなく、口座の指定は別紙に記入する事が前提となっている。

手書きが問題にされているが、手書きは何よりも山形の署名を意味しているもので、そのこと自体何ら偽装の根拠とはならないだろう。

三　寄附という形式の実益性

【一審判決文】

研究助成という名目で医局に対して寄附するという形式を整える実益があったことに照らすと、上記の形式のみを重視することはできない

〔(事実認定の補足説明)

第2、3、(3)、二三三頁傍線㋕〕

【二審判決文】

(特に言及なし)

判決の言い分は、一〇万円を供与するのに個人宛にすれば、所得ということで源泉徴収されて減額になるし、それを見込んで税金分を上乗せすれば、病院の経費負担が大きくなる、したがって山形に供与するには、寄附という形にすれば双方に有利ということである。

しかし、有利な方法を選択することと、偽装までして違法な手段にまで踏み込むことを直結されてはたまったものではない。

実際、一九九九(平成一一)年の暮れに研究費を山形個人の口座に振り替えているのだ。もし判決に言うように寄附に実益があったからやったということであれば、わざわざ源泉徴収される形に変えたことの説明ができない。裁判官はこの事実をどのように説明するつもりだろうか。三人の裁判官の論旨には首尾一貫性がない。

四　税務調査(交際費と帳簿外処理について)

【二審判決文】

平成一一年四月に行われた前記医療法人気象会に対する税務調査結果の説明を谷垣一平(仮名)公認会計士から受けた際、被告人は、本件各振込み送金について、大学側では帳簿外の処理をしていることを

【一審判決文】

本来は交際費である旨の指摘を受けたにもかかわらず、被告人が、何らの措置も講じず、放置していること

〔(事実認定の補足説明)

る、すなわち、正規の寄付としては扱われていない旨の説明を受けながら、この点について山形に確認するなどしていないこと

〔（理由）第2、二四二頁傍線㋟〕

第2、3、（3）、二三四頁傍線㋵〕

税務署による税務調査の結果を公認会計士から受けた際に、振込みが正規の寄附としては扱われていないと知ったはずだと判決は言う。しかし、「大学側では帳簿外の処理をしている」というのは重大な曲解である。公認会計士谷垣一平が税務署の調査結果を我々に説明するのに用いた表現は、「大学研究室への支払が研究室側にとって帳簿外の処理となるので好ましくないのではないかとの指摘がありました」である。これは理屈を述べているのであって、判決文の言うような「帳簿外の処理をしている」事実の報告ではない。現に谷垣公認会計士の税務調査報告書は「今回は研究費として処理しており、一応認められはしましたが……」と報告している。二審の「正規の寄付としては扱われていない旨の説明を受けながら……」の認定は、何を考え違いをしているのだろうか。判決文は錯乱している。そもそも大学が用意している公式の書式が違法を前提にしているとは考えもつかないことである。こちらとしては正規の手続きをとって寄附処理をしているので、何らの危惧も持っていなかった。確認する必要性も感じなかった。もし学長宛の「研究費等寄附金承認申請書」を通じて行われるこれらの手続きが問題とされるなら、それは奈良医大全体の問題であり、奈良県下の全関連病院の問題だろう。少なくとも一関連病院である東朋香芝病院が単独で処理できる問題ではない。問題が真実であれば、当然大学側が訂正処理するはずである。

判決は、事実の歪曲をしている。私はこれは裁判官の捏造まがいの曲解と考える。控訴趣意書は次のようにまとめている。

原判決は、平成一一年四月に行われた税務調査結果の説明を谷垣一平公認会計士から受けた際、被告人は、本件各振込送金について、大学側では帳簿外の処理をしている旨の説明を受けながら、この点について山形に確認するなどしていないことも被告人の賄賂性の認識を推認させる事情であるとする。

しかしながら、上記裁判所の認定には重大な曲解がある。被告人は、谷垣一平公認会計士から、本件各振込送金について、大学側では「帳簿外の処理となるので」、すなわち簿外処理をせざるを得なくなるとの説明を受けていたのみである。帳簿外の「処理をしている」、すなわち簿外処理を実行しているなどとの説明は一切受けていなかったのである。そして、現実にも、税務署は寄附金扱いとして調査を終了したことから、被告人は、全く問題はないと考えて、山形に確認しなかったのである。原判決は、「処理となる」と「処理している」とは、全く異なる事実であるにもかかわらず、これを同じものと誤解しているのである。

第三章　寄附の中止と山形教授の給与アップ（口座変更）

一　口座の変更に「異議を述べていない」

寄附の中止と口座変更の件は第一審・第二審共に有罪の根拠とされた。

【一審判決文】

そして、秋田が事後に振込先の口座の変更を被告人に報告したところ、被告人は特段異議を述べることはなかった

〔（事実確認の補足説明）第2、2、(12)、二二九頁傍線㋹〕

【二審判決文】

香芝病院の事務長であった秋田から、山形の要請により、同年一二月分からの振込口座が、上記の「救急医学講座代表山形幸治」名義の普通預金口座から山形個人名義の預金口座に変更になった旨の報告を受けた際も、特に異を挟むことなく直ちにこれを了承していること

〔（理由）第2、二四二頁傍線㋞〕

判決はいとも簡単に「特段異議を述べなかった」「特に異を挟むことなく直ちにこれを了承している」と

いうが、実際には私はその事実の意味がすぐに理解できずその場では対処法が解らなかったのである。判決後も私はこの問題について弁護人をはじめ多くの人の意見を聞いたが、事の筋道を容易に理解できる人はいなかった。私が即断できなかったのは、私の判断力が特に劣っているわけではない。

このあたりの事情を、秋田事務長は供述調書で次のように述べている。

山形教授の要請により、振込先の口座が山形教授個人の給与振込先に変わりました。その要請は、私が直接受けました。

山形教授は、毎週一回木曜日に東朋香芝病院で診察しましたが、平成一一年一一月ころの診察日に、山形教授は「いつも入れて貰っている口座の分を、僕個人の口座に給料と一緒に入れてほしい」などと言ってきました。山形教授に理由を聞くと、「いつもの口座は出金するのに時間がかかる」とか、「接待費が一回につき五万円しか認められない」などと、従来の口座では接待等にお金を使うのに困る旨を言いました。

私はどの口座を振込先に使うのかは山形教授が判断することであるし、教授がお金を使いやすいようにしたいことについて、私がとやかく言う話ではないと思いました。

しかし、給与と同じ口座に振り込むと所得税がかかることになるので、東朋香芝病院は、所得税の源泉徴収をしなければいけないと思いました。

私は、山形教授の収入を知りませんでしたが、奈良医大教授であり、他の病院でも診療をしておれば、かなり収入があると思いました。

そして、高額所得者は税金の増加を嫌うことが多く、源泉徴収すればその分だけ山形教授側が実際に使えるお金が減るので、それでも構わないのかと思いました。

そこで私は、「給料の口座へ入れたら、税金がかかって少なくなりますが、それでいいのですか」と聞くと、山形教授は構わない旨、答えました。

私は、山形教授の意向を確認しましたので、東朋香芝病院の経理担当者の南田和恵に、振込先を給与振込口座に変えるよう指示しました。

南田も源泉徴収を気にしていましたので、山形教授の意向を確認したことを、私は南田に伝えました。

〔平成一二年一一月二四日供述調書（要旨）〕

なお山形教授が口座を変更するように求めて来た本当の理由は、この時期（一九九九〔平成一一〕年一一月）に医局に税務調査が入ったためである。この時はこの口座の存在が「ばれなかった」が、いずれ問題になると思って変えたのだと山形自身が証言している（平成一四年三月六日第二四回公判）。

山形の申し出を受けて、秋田は彼なりに考えた。彼は公判でも、一度に五万円しか出せない、引き出すのに七〜一〇日間も要する、という山形の言葉を信じて教室口座を個人口座に変えたと供述している。ただし、個人の口座を借りるにあたっては源泉徴収されても仕方がないと説明している。彼の意図は、教室への寄附を山形個人の給与の口座を借りて支払うということであるから、彼なりに理屈は通っている。

しかし私はそうは考えられなかった。個人口座に変えたらあくまでもそれは個人の所得だ。寄附の中止と給与の増額だと考えなければならない。前にも述べた通り、この時考えたのは、大学はどう受け取るだろうかということと、報酬額の妥当性という税務上の問題であった。

私はこれを給与だと主張し、秋田は給与ではなく医師派遣に関する教室への見返りだと主張した。しかし、現実には給与として処理している。私たちの見解は異なっているが、判決文はこの解釈の相違を都合よく取り替えて「給与ではなく医師派遣に関する個人への見返りだ」という新たな解釈を作り出している。不合理な解釈と言うしかない。少なくとも秋田の認識に限って言えば教室への寄附である。判決はいとも簡単に「特段異議を挟むことなくこれを了承していること」（二審）と言う。私は確かに異議を述べなかったかも知れない。とにかく秋田の判断が妥当かどうか、是認されるべきものかどうか判断ができなかった。自信を持って注意したり指導するようなことはできなかった。しかしその場で了承したというのは明らかに捏造である。明らかに否定の言葉を吐けなかったのは事実であるが、少なくとも了承したというような発言はしていない。何週間も後になって納得したことなのである。

判決後においても私はこの問題については弁護人を始め多くの人の意見を聞いたが、事の筋道を容易に理解できる人は居なかった。裁判官自身も今もって頭の整理がついていない。私が即断できなかったのは、私の判断力が特に劣っている訳ではない。

また、ここで注意していただきたいのは、山形が秋田に口座の変更を依頼するために挙げた理由はいずれも、それまでの「救急医学講座代表山形幸治」名義の口座への入金が教室に対するものであったことを前提にしていることである。前述の通り、山形に入金口座を変える必要が生じた本当の理由は医局に税務調査が入ったからである。山形はその本当の理由を秋田に告げず、「いつもの口座だと、口座から出すのに時間が掛かる」「接待費が一回につき五万円しか認められない」などと理由づけし入金口座を変更させた。

もし双方が個人への入金である旨了解していた（そしてそれをあたかも教室への入金であるかのように偽装していた）のであれば、山形がわざわざ秋田にこんな言い訳をする必要はないだろう。

このときの被告人との応答について、秋田は供述調書では、石田理事長からその理由を尋ねられたり、特に言われたようなことはなく、石田は「山形教授がそうしてくれと言ってはるんやったら、それでええがな」ということを言った程度だと思う、いずれにしても私（秋田）と石田の間で細かいやり取りをしたことはないと供述している。ところが公判の証言では「その（山形教授との）やり取りを理事長に説明しましたら、山形教授がそう言っておられんならそれでいいと、その個人口座でいいとそう言われました」と、微妙な変化をしている。彼のこの供述・証言だけを聞くと、あたかも私がもともと個人所得であったことを認めたようにも受け取れるが、このとき私は指示や判断を求められたわけではなく、彼は時日を経て私に何の懸念もなく報告に来たに過ぎない。問題は彼がどのように受け取ったかではなく、私がその後どのように処理したかである。

二　源泉徴収

【一審判決文】

この振込先の口座の変更は山形からの一方的な要請に東朋香芝病院側が応じたもので、報酬額の

【二審判決文】

給料の増額として対処しようとするのであれば山形とその点の話合いを持った上で決定するのが

交渉等がなされた経緯がないこと、上記の各振込について形の上で給料として支払われ、源泉徴収されていたが、これは、山形個人の普通預金口座に振り込まれることとなったことから形を整えたに過ぎないと思料され、東朋香芝病院から山形に渡されていた給料明細書ではわざわざ二〇万円についてはは段を変えてその他の給料とは区別して記載されていたこと

〔（事実認定の補足説明）
第2、3、（1）、二三〇頁傍線㋡〕

通常であり（現に、山形が奈良医大を退職した後の平成12年4月からの給料については、山形との間で話し合いがされている。）、これもせずに、山形の給料を引き上げたということは不自然であること、また、山形の給料を引き上げるのであれば、被告人も、医師の報酬や給料は手取額で要求してくるのが一般的であると供述しているのであるから、手取額として二〇万円が増額されるように扱うのか、それとも二〇万円については、それまでの山形に対する給料の支払いとは異なり、源泉徴収分を上乗せしないで支払うのかということを決め、経理担当者に対して指示すべきであるのに、そのような指示もされていないこと（被告人は、原審において、源泉徴収をきっちりするように秋田に指示したと供述しているが、秋田は、被告人から指示がなかった旨供述していることや、平成一一年一二月分から平成一二年三月分までの、山形の給与明細が本来の給料である外来診療分とそれまで

支払われていた二〇万円を区別して記載されていることからしても、秋田に指示した旨の被告人の供述は信用できない。）などを考慮すると、所論に沿う被告人の供述は信用性に乏しいというべきである。

したがって、所論は採用できない

〔（理由）、第2、二四二頁傍線㋧〕

一方的な要請に応えたらなぜそれが医師派遣の見返りとしての山形個人に対する贈賄になるのか。秋田の意図は、給与として出すが、意味は医師派遣の見返りであくまでも教室の費用として使ってもらうというものであった。私の見解とは異なるが、どこに問題があるのだろうか。

税込みか税抜きかという件については、山形は税込みにして源泉徴収することで秋田と既に同意しているのであるから何ら問題はない。源泉徴収はするようにという私の発言を判決は信用できないというが、現に源泉徴収されているではないか。

さらに言えば、二審判決文の「秋田は、被告人から指示がなかった旨供述している」という部分は捏造である。秋田はそのような供述はしていない。なぜ捏造までして被告人の発言を斥ける必要があるのだろうか。裁判官の供述調書の読み取りや公判証言の聞き取りも不正確極まりない。判決は支離滅裂である。

二〇万円の振込みを別枠で記入していたことは事実だが、それがなぜ贈賄の根拠となるのだろう。診療実務の給与と、教室の費用としての二〇万円を相手によく解るように区別するという秋田の配慮のどこに問題があるのか。私の意図とは全く違うから私はこの処理を是としているわけではないが、問題があったとしても、少なくとも秋田の認識には贈賄を窺わせるものはない。さらにこの処理について私は全く知らないことである。理事長が給与明細まで点検することはない。判決は全く常識を欠いている。

三　上乗せされた二〇万円についての山形の認識

【一審判決文】
山形が、この点について、東朋香芝病院からの非常勤医師としての稼働に対する給料とは個別に月々に二〇万円を振込んでもらった旨供述していること

〔（事実認定の補足説明）第2、3、(1)、二三〇頁傍線㋤〕

【二審判決文】
（特に言及なし）

一審判決はここで、山形が自分が個人的に自由に使うお金として二〇万円を認識していたとしている。山形は最初から個人で使うつもりであったと言っているから、これは当然だろう。しかし問題は被告人に

それを伝えたかどうか、それを認識させせたかどうか、被告人がそれを認識していたかどうかであって、山形自身の認識はここでは関係がない。

四　給与アップの理由

【一審判決文】
しかしながら、山形幸治名義の普通預金口座への振り込み金額の増加は、それまで「救急医学講座代表山形幸治」の普通預金口座に振込まれていた金額と同じ二〇万円であること、平成一一年一二月当時において山形の救急医学教室教授としての地位、山形の東朋香芝病院での勤務状況、奈良医大の医局からの医師派遣状況等は従前と変化しておらず、わざわざ医師派遣の謝礼としての振込みを中止すると同時に山形に対する給料を増加させるような特段の事情は認められないこと（なお、このころ、水沢が東朋香芝病院を辞職し、それに伴

【二審判決文】
（特に言及なし）

い山形との関係も疎遠になっていたことが認められるが、山形が東朋香芝病院を辞めようとしていたことはうかがわれないのであって、このことをもって山形の給料を増加させるような特段の事情があったとすることはできない。）

〔（事実認定の補足説明）

第2、3、（1）、一二三〇頁傍線ラ〕

一審判決はさらに「山形を引き止めるような行動を他にはしていないことと、山形の給料を増額させるような事情があったとすることはできない」と説明している。山形と私は、大学教授と医師派遣先の理事長であるという関係以外ほとんど何もない。個人的な交際はもちろん、日常業務でも接触がない。そういう関係で給与以外にどういう引き止め策があるだろう。第一部第一章「二　奈良医大への年末の挨拶と脳外科医の退職」（三〇頁）で述べたように、翌年四月からの人事は一一月から一二月には決まってしまう。判決文は「一二月当時において」「山形の給料を増加させるような特段の事情があったとすることはできない」というが、とんでもない話であって、むしろ絶好の時期であった。

山形は翌年三月には奈良医大を退職する。であれば一二月頃には次の就職先が決まり、それに伴ってアルバイト先も決まるだろう。そう考えていた頃に秋田からの事後報告を受け、これを私が給与アップで処理したものである。一旦事務長が了承したものを私が蒸し返すようなことは、できるだけ避けたいという気持ちもあった。給与をアップして不服を言う人はいないし、山形の要求は、(本人の認識の程度は別として)病院の経理上は給与アップに他ならない。二〇万円の給与アップはすんなり決まるような話ではないが、山形にすれば、同じ負担額であれば病院も困らないだろうという思惑はあったであろう。病院側にすれば、その金額で来年四月以降も来てくれれば好都合だということである。その辺の事情は第一部第一章「四　銀行振込み口座の変更」(四〇頁)にも述べた。

五　奈良医大退官後の東朋香芝病院での報酬額の協議

【一審判決文】

平成一二年三月に山形が救急医学教室を退官した後の東朋香芝病院からの給料の額については改めて協議されていること

(事実認定の補足説明)
第2、3、(1)、二三〇頁傍線㋰

【二審判決文】

現に、山形が奈良医大を退職した後の平成一二年四月からの給与については、山形との間で話し合いがされている

(理由)第2、二四二頁傍線㋒

一審・二審とも一二年四月以降の給与について「改めて協議」したとしている。判決は、一九九九(平成一一)年一二月から二〇〇〇(平成一二)年三月までの二〇万円の振込は給与でなく賄賂であり、四月以降

は「改めて協議」した上で同額の二〇万円を給与として増額したとしたいのだ。しかし私はそんな協議に乗ったことはない。

申し出のあった一九九九（平成一一）年一二月から二〇〇〇（平成一二）年三月までは今までの報酬に二〇万円アップして月々約五〇万円を支払った。手続きとしては、源泉徴収をすること。それを念を押しただけだが、他にしなければならない手続きや処理はないと考えた。給与として増額した二〇万円は山形が奈良医大を退官し医師派遣の権限が消失した後も同様に支払いを続けてきた。裁判官はこの事実にどのようなこじ付けをするつもりだろうか。

山形は「協議した」と証言しており、私の認識と違っているが、私は一九九九（平成一一）年一二月以降彼の退官前も退官後も給与として処理している。山形は最初から個人にもらったお金と考えているから当然私と認識の違いはあったと思う。しかし「改めて協議」したというのであれば具体的には誰と誰が協議したのか、有罪とするには協議の具体的な内容も示さなければならない。

ただ、判決が「改めて協議」したと言う二〇〇〇（平成一二）年三月に、山形が、秋田に週に二単位ではどうなるかという申し出をしてきたことはある。これについては第一部第一章「四　銀行振込み口座の変更」（四〇頁）に書いた通りである。病院が元教授に求めているのは「実働」よりむしろ「名声」とか「信頼」であるから、それまで通り週一単位で月五〇万円が双方に最も都合が良いと私は考えていた。これは山形にも十分好都合の話と考えられたので、二単位でも六〇万円、三単位でも七〇万円……と数個の選択肢を示しはしたが、これは現行のまま一単位五〇万円を選択するものと考えてのことである。一方的ではあったが、私は前年暮れに決めた線を譲る気はなかった。後になって秋田より一単位月額五〇万円となったとの報告を得た。

山形の言う、三月に改めて「協議した」のがこのことを指しているのなら、これはアルバイトの時間数の増加についての照会であって、決してアルバイトの給与アップの協議ではない。これは山形自身、公判で証人として明らかにしていることである。

あるいは山形にとっての「アルバイト」と、病院にとっての「元教授の週一回の勤務」では捉えている重みが違うから、山形は三月の終わりになって四月以降の話を「協議した」と思っているのかもしれない。しかし病院側の立場になって考えてみてほしい。そんな重要なことをもし本当に「協議」するのなら、退官直前の三月末になってから思いついたようにするはずがないではないか。

第四章　「研究費等寄附金承認申請書」偽装の謀議の有無

「研究費等寄附金承認申請書」が存在するにもかかわらずこれを個人への賄賂とするなら、この申請書は両者（山形と被告人石田）の申し合わせによって偽装されたことになる。もちろん判決は被告人石田がこの偽装を認識していたことを示さなければならない。

つまり、偽装の謀議の有無がこの裁判における最重要の論点のはずである。

【一審判決文】
（特に言及なし）

【二審判決文】
（特に言及なし）

一審・二審いずれの判決も、被告が偽装に参加したともその説明（申請書が名目上のものであり、本当は山形個人への金であるという説明）を受けたとも言っていない。

なおこの件に関しては、山形・水沢共に当初の供述調書・証言では被告には説明していないとしていたが、二人とも公判の途中から被告に説明したと証言してみたり、のらりくらりと一定しない。

ここで、第二四回公判（平成一四年三月六日）での山形の証言を引用してみよう。

【裁判長の尋問】

――要するにそういう派遣の対価として一人の場合は五万円、二人以上になると一〇万円、もちろん相手がもっと出すと言えばそれを受け取っていたと、こういうことですか。

「はい、そうです。」

――それはあなた個人として受け取ったということなんですね。

「はい、そうです。」

――先程自由に使っていいというお金ということで石田さんから聞いているというか、あなたも自由に使うという話もしたし、石田さんもそれでいいというふうに聞いているとおっしゃったんですが、学校に対する寄附だというような話はなかったんでしょうか。

「名目上お金を出す、税金対策とかで名目上は大学に寄附するようなそういう何か様式はないかというのは後でお金をいただくときに事務長やってた秋田さん等からそういう話がありましたので、奨励会の用紙、そういうものがあるのでこれを一応名目上用いてはどうかというふうにむこうにお出ししましたけども。だけど、これは奨励会に入るお金ですというふうなことは一度も言ったことはありませんし、私の口座に入れていただくという話はしてるつもりです。」

――これ自体は石田ともしてるんですか。水沢だけですか。

「水沢さんと秋田さんとしましたし、まあ、口座うんぬんとか、私の名義とかいうのは石田先生とは直接話ししたことはありません。自由に使わしていただけるというお話と、お礼を言ったつもりはありますが。」

〔第二四回公判（平成一四年三月六日）速記録〕

ここで山形は私（被告人石田）にはこの話をしたことはないとはっきりと証言している。また秋田は供述調書でも公判証言でも、そのようなやり取り（税金対策のため名目上は大学に寄附する体裁にする）をしたような証言はなく、むしろ反対に山形が振込の二〇万円は教室の費用として受け取っていることを前提に話をした旨の証言をしている。しかし山形は公判でこのことを「覚えていない」としている。

【裁判長の尋問】

――今、山崎病院とおっしゃいましたね。

「はい。」

――東朋香芝病院はどうなんですか。

「東朋香芝病院は個人のほうに出しにくいとか、そういうお話はありませんでした。」

――記憶はないということですか。

「いや、記憶じゃなくて、そういうお話はありませんでした。」

――というか、確認だけど、そういう申出があったかもしれないんで、それについてあなたの意識としてはそういうのは全然記憶にないというのか、そういうことは全くないというのが確かな記憶だというのか、どっちでしょうか。今ここで問題にしているのは東朋香芝病院の関係ですので、そっちのことで聞いておきたいんですけども、要するに東朋香芝病院の関係で個人口座は困るというような要請なりがあったのかなかったのかについて。最初のときですよ。途中からはまた変わってる部分がありますので、その段階でまた聞きますけども、最初のころ。

「私はなかったように記憶してます。」

——記憶してるんですか。

「はい。」

〔第二四回公判（平成一四年三月六日）速記録〕

ところがこの証言はその次の第二五回公判でひっくり返り、寄附金申請書について、これは形式的なものであり実態は個人への金であることを被告人石田にちゃんと説明したとの証言に変わってしまう。そして弁護人に追加尋問を受けると答えられなくなっている。

【弁護人の尋問】

——これを石田先生の側に出されたときに、奈良県立医大の様式（著者注：研究費等寄附金承認申請書）について説明はしたんですか。どういうふうな様式ですとかいう説明をした上でそれを出したんですか、それとも、それをぱっと出されたわけですか。

「この用紙を使うというのは、これをお渡ししたよりもっと前に、大学に研究費等寄附金というか、そういう用紙があるので、それを出金の目的のために使おうというお話があって、そのときにこういう用紙を使おうということを言ってましたので。」

――それは、水沢さんとの間での話ですか。

「いえ、石田先生も一緒で、水沢さんも一緒で。あれは平成九年の一一月の終わりだったと思うんですが、九年ですか、一〇年かちょっと。」

――正確な年月日は結構ですけれども、どういう書類を使うかについて、具体的に石田先生との間でやり取りをしたという御記憶なんですか。

「はい、そうです。」

――そんなことを今まで検察官やらに説明したことがありますか。

「あります。」

――そうすると、先生がそれをお書きになって渡されたのは、どなたに渡されたんですか。

「これは水沢さんにお渡ししました。」

――水沢さんに渡す前に、その書類を石田先生に見せたことがあるんですか。

「ありません。」

――そうすると、どういう説明をしたんですか。書類を見せもしないで、どんなふうに説明したんですか。

「水沢さんにですか。」

――いいえ、石田先生に。

「石田先生には、こういう用紙があるというお話を前もってしてましたので。」

――こういう用紙があるというのは、どういう説明をしたんですか。

「奈良医大に研究費等寄附金承認申請書という奨励会に入れるための用紙があるんで、それを用いましょうということをお話ししてます、まず最初に。」

——そんな具体的なことを言われたんですか、本当に。

「はい、奨励会に入れる研究費の。」

——正確におっしゃっていただきたいんですよ。まず、事前に石田先生にその書類を見せたことはない、いいですね。

「はい。」

——水沢さんにそれは渡したものだと、これもいいですか。

「はい、そうです。」

——水沢さんに渡す前に、その書式について、いちいちどういう形式で何が書いてあるというようなことまで言われたことはないですね。

「だれにですか。」

——石田先生に。

「いえ、言ってません。」

——今言われたのは、石田先生にはどういう説明をしたんですって。

「奈良県立医大には、研究費助成金とか、研究寄附金に関する奨励会というのがあって、そこへ申し込む用紙、書式一般があるので、出金の名目のためにそれを使ってはどうですかということを言ったんです。」

——そういうことを証人は捜査段階の検察官にも言ったという御記憶なんですか。

「はい。」

——その言ったことは調書になってますか。

「なってると思います。」

——証人、調書はもちろんお読みになっておられますよね。

「ほとんどは読んでません。サインするときは一応読みました。」

——後にも、あなた御自身、裁判になっておられるんだから、お読みになったことはありませんか。

「ありません。」

——少なくとも、石田先生の関係で開示されておる証拠、つまり我々に見せていただいている証拠の中にはそんなことは書いてないんですが、証人の記憶違いではありませんか
「いや。捜査の検事さんにも、何回もそういう用紙を使って、この用紙も見せて、そのときにこういう用紙を使ってるよというのを見せてもらって、そして話ししてますが。」

——証人、その用紙を見せられて話をしてるということは分かってるんです。そうじゃなしに、石田先生にどういう説明をしたかということに限定して今お聞きしておるんですよ。今言われたようなことをいろいろ説明したということですかね。

「はい。それは難波の料理店深川というところで、水沢、石田先生、私と三人でお会いしたときにそういう話が出たので、具体的な名目をどうするかというお話をしたので、そういう話をしましたというのはちゃんと申し上げてあります。」

――同じく乙二二を見てください。証人、読んでいただけますか、二五頁、一九項ぐらいからで結構なんですけど。

「また、その話に続いて、石田理事長が支払の方法は考えさせてもらいますと言われたのだったか、水沢さんから何か名目が必要ですねというようなお話が出たのだったかははっきりしませんが、山崎病院の場合と同じように、私に謝礼金を支払うために何らかの名目が必要であるという話が出ました、もっとも、その場では、私からも水沢さんからも、大阪の山崎病院にも医師を派遣しており、そこから謝礼金をもらうときには大学の寄附用紙を利用しましたというような話をするわけにはいかず、今後、名目を考える必要があるということで謝礼金についての話は終わったと思います。」

――そう書いてありますね。そうしますと、今私がお尋ねしましたように、証人の証言とはむしろ正反対に、この用紙のことなんかは話をしてないと書いてありますね。

「はい。」

――どうしてこんな調書になったか分かりますか。

「分かりません。」

〔第二五回公判（平成一四年三月二〇日）速記録〕

この引用部分でも判るように、山形は証拠として提出された取調べ中の供述調書の内容や第二四回公判での証言と正反対の証言をしている。実に曖昧であることも判る。実はこの時期にあって山形はなお勾留中である。同じ境遇に置かれた人間として、このあたりの事情はよく理解できるつもりだ。山形は明らかに検察官の強要によって、事実と正反対の証言をさせられている。

裁判官（一審：角田正紀・岩田光生・田辺暁志、二審：今井俊介・宮崎英一・難波宏）も検察官（佐賀元明・斉藤隆博・矢本忠嗣・濱田剛史・中野彰博・室田源太郎）も、事情を十分に承知しながら裁判に臨んでいる。裁判官の中には本当に知らない者もいるかもしれないが。

冤罪の被害者から見れば、判決文は予断、無知、悪意、怠惰を捏ね合わせた欺瞞の作品だ。

では水沢相談役の証言はどうだろうか。平成一二年一一月二三日の供述調書によれば、水沢は次のように話している。


もちろん私は、石田理事長も山形教授に毎月一〇万円を振込むことが、医師を派遣することの見返りであり、他に金を支払う理由はないと理解して、支払うだろうと思っていました。また、私と石田理事長とのやりとりにより、医師派遣の見返りを要求したのは山形教授自身であって、その要求に医局の関係者は関与していないこと、支払いは「大学」や「医局」にするものではなく、山形教授自身に支払うものと分かっていると思っていました。

石田理事長も、医師派遣の見返りを「大学」や「医局」に支払うとは考えていなかったようで、私と石田理事長とのやりとりの中で、その点が話題になったことはなかったのです。

〔平成一二年一一月二三日供述調書（要旨）〕

ここで水沢は被告人石田が「わかっているものと思って」いた以上のことは言っておらず、この点が話題になったことはなかったと言っている。
また供述調書で水沢は次のように述べている。

山崎病院から山形教授に支払っていた金も、教授が自由に使えるものでしたが、経理処理上、説明がつく名目が必要だと思っていました。そこで私は山形教授に相談し、「救急医学教室の医局に対する寄附」という形式をとることにしました。

その形式を整えるために、山崎病院では、先の書類を作成し、病院に保管していました。

東朋香芝病院からも同じような支払いをするにつき、経理処理上、説明がつく名目を立てた方がよいということになりました。そこで山形教授と話し合い、山崎病院と同様に、大学あるいは医局への「寄附」の形をとり、その旨の書類を作成することにしました。

東朋香芝病院から山形教授への支払いは医師派遣の見返りであり、大学や医局への「寄附」ではなく、本来ならば、何の書類も交わす必要はありません。

ただ、病院側の経理処理の便宜上、大学や医局への「寄附」の書類を整えておく必要がありました。そのため、書類を作成することにしました。

これは、資金を捻出する石田理事長も当然に考えていると思っていました。石田理事長も、山形教授への月々の支払いを、経理処理の関係では、大学や医局への「寄附」として扱うつもりだと思っていました。

〔平成一二年一一月二五日供述調書（要旨）〕

これは山崎病院での寄附金処理の実態を説明したもので、当然ながら東朋香芝病院ではそのような処理はしていない。

水沢は公判当初、被告人には寄附金申請書が偽装であるとの認識はなかっただろうと証言していた。二〇〇一（平成一三）年一一月一四日、第一六回公判の証言を見ていただきたい。水沢は金の性質について次のように証言している。

【検察官の尋問】

――月々一〇万円というのは、そしたらどういった性質のお金だというふうに認識されてたんですか。

「医局員を派遣された医局の助成金として出してます。しかし、入った口座で自由に使えるというのは教授の権限だと、こういうふうに思ってます。」

〔第一六回公判（平成一三年一一月一四日）速記録〕

そして裁判長の尋問に答えて次のように証言している。

【裁判長の尋問】

――それから、個人的に、要するに、名目、形は寄附金とかそういう形の書類を作ってますよね、それとの関連で、こういう形式は取ってるけれども、実質は山形さん個人が使う金ですよと、こういう話をされたことはあるんですか。

「それは、言うたことはないです。実質はというようなことは言いません。」

――どういう話をされてたんですか。

「結局、山形教授からこういう要望がありましたからということを言いました。」

――それ以上進まんことになりますよね。山形教授が要求したのは、寄附金を一〇万出してくれという要求をしたんだという話になってしまいませんか。そんな話でしたんですか。

「年末のお歳暮というんですか、そういうお金として、これこれというふうな話を山形教授から要望があったことをそのまま言いました。」

――年末は別として、月々一〇万円払うということになりませんか。

「月々一〇万円は、一応先ほど言いましたように一人派遣すれば一〇万円と、こういうふうに。」

――派遣するから一〇万円なんだけれども、派遣する金は、どういう趣旨の金だということについてはどうだったんですかと聞いてるわけです。月々一〇万円出すことについて問題が大きいわけですから、それについては大学に対する寄附金、あるいは医局に対する寄附金だと、それを一〇万出してくれと山形さんは言ってますよということで話してたのか、一応書類上はそうするけれども、山形個人が使う金として一〇万円出してくださいと言ってるんですと、こうおっしゃってたのか、どっちなんですか。

「やっぱり前者のほうですね。山形個人が使いますからということは、そういうことは言ってません。」

――寄附として出すと。

「そういうことです。」

――さっき、個人的なもので使っていいということは分かっておられましたと、こういうふうにあなたは言ったんだけれども、それとは矛盾しませんか。

「それは、山形先生の口座へ入ってから後のことは、私もよく分かりませんから。個人で使いますよというようなことは、ちょっとその時点では私も分かりませんでしたから。」

――月々の一〇万円は、そうすると医局に対する寄附なんですか。

「建前はそういうふうになってます。」

――建前とおっしゃるから、建前といっても形は医局に対して一〇万円渡すわけでしょう。

「はい。」

――山形はそれを要求したと言うんでしょう。

「はい。」

――そしたら、医局のために使う金だと、逆には、山形はそれを個人的に使ったら一種の横領ですわな、そういう理解だったんですかと聞いてるわけです。

「そうです。」

――本当ですか。

「はい。」

――検察庁で話ししたのも、そういう趣旨で話ししてるんですか。

「ちょっと私もよく分からないんですけれども。」

――よく分からないのはこっちがよく分からんので、金の趣旨が途中で変わってるじゃないですか。だから、あなたは仲立ちをした人間だから、一体どういう仲立ちをしたのか。逆に言うと、山形さんは個人的に使う金としてもらってることは本人も認めてるし、そういうことがあったのは間違いないんですよ。名義はどうあろうと個人的に使う金として使ったし、申し訳ないとおっしゃってるわけです。送るほうは、どういうつもりだったかが今ここで問題になってるわけです。あなたはその仲立ちをした人間だから、あなたはどんなふうに仲立ちをしたのか聞いてるわけですから、そこをちゃんと説明してもらわないと困るんですが。

「だから、山崎病院の場合は、そういうようなことで院長にお話をして、了解して送ってもらってます。石田先生については山形教授に、一人行けば一〇万円、二人ならば幾らというふうに、値上がりした時期もありましたから、そのように送っていただきました。それは山形個人が使うというようなことは、私は石田先生に言うた覚えはありませんけれども、認識としてそういうあうんの呼吸で、石田理事長も認識してるんじゃないのかという推測です、私の。」

――なぜそういう推測ができるんですか。

「石田先生と山形先生との間のやり取りというのは、私を全部介して山形先生も来ますからね。」

――あなたを介して来るわけね。

「そうです。」

――何か具体的に、こういう機会がありました、こういうときにこういう話がありましたということはないんですか。

「山形教授からですか。」

——山形さんと石田さんとの間で、ある程度話合いをするという機会はなかったんですか。こういうところで話をしたことがありますねと、一〇万に関して話したことがありますねということはなかったんですか。

「私を挟んでですか、それはありました。」

——どこであったんですか。

「それはフカガワという料亭で一度、日にちはちょっと忘れましたが、そこで一応お一人派遣したら一〇万円ということを話しました。それは、山形先生と私と石田理事長です。」

——そういう料亭に行って、そこでそういう話が出たことがあるわけですね。

「あります。」

——その際の話の中身として、どんな話でしたか。

「一人送るから一〇万円ということで。」

——だれに一〇万円ですか。

「山形先生に。」

——個人ですか。

「個人というか、振込先が、後から話が出てきたわけで。」

——だけれども、そのときにどういう会話がなされて、そのときの状況からいえば、個人的に出すもんだということが分かったか、分からなかったかということが聞きたいんですけど。

「それは私も分かりません。」

――あなたは、個人的だということは理解してたわけでしょう。

「山形先生に入れば個人だというのは分かってます。」

――理解してましたよね。

「はい。」

――それはいいんだけど、要するに、石田が理解できる状況だったかどうかが知りたいんです。そこを説明してほしい。あなたが理解したことと石田が理解しているのとは違いますよね、一緒とは言えないでしょう。だけど、一緒に思える状況があったら一緒になりますね、そこはどうだったんでしょうか。

「その当時は、石田先生は認識してなかったと思いますね。」

――それはどうしてですか。

「やはり一応そういう書類でその口座へ送ってますから。しかし、その後日、その口座を外してくれということがあって、初めて個人の金ということを認識したんと違いますか。私は、それ以上は分かりません。」


〔第一六回公判（平成一三年一一月一四日）速記録〕

供述調書、公判での証言が曖昧で断定は困難かもしれないが、水沢は、一〇万円～二〇万円は医局ないし教室に入れる、教室に入れれば教授の采配で使うことができると考えていたようだ。建前と現実、医局の定義、税法の把握が不正確であったために、証言が曖昧になったのであろう。もちろん、共謀者として認定され逮捕立件の恐怖に晒されているために検察の圧力に最も敏感であったとしても仕方がない事情もある。

しかし、いずれにしてもこの時点では振込みの趣旨と方法を被告人に明らかに説明したという証言はしていないし、認識していなかっただろうとも述べている。

ところが水沢もまた、二〇〇一（平成一三）年一二月五日の第一七回公判になると突然、寄附金申請書の偽装について（すなわち金が教室ではなく山形個人に入ることを）被告が認識していたと証言するようになる。少し長くなるが該当部分を引用しておきたい。他の部分の曖昧さに比べ、被告が「認識していた」とする部分だけを明確に断言する不自然な対比を読者はどう感じるだろうか。

【検察官の尋問】

――証人が石田被告人に対して、この月々一〇万円のお金は、大学あるいは医局に入るお金であるというような説明をしたことはありませんね。

「それは全然ありません。」

――それで、証人としては石田被告人がこの月々一〇万円のお金は山形教授個人に支払うお金だということを当然理解してるはずだと、こういうふうに考えておられるわけですね。

「私はそう思ってます。」

――当時もそう思っておられたということですね。

「はい。」

検察官請求証拠番号甲一四六、書証の写し作成報告書を示す

――資料一なんですが、研究費等寄附金承認申請書と題する書面なんですが、これは見覚えありますか。

「はい、あります。」

――この書類が作られた経緯についてお聞きするんですが、これはだれが作ったものなんですか。

「これは多分大学にある一つのマニュアル的なものだと思います。それを山形教授がコピーをして、一応双方に、病院もそうですけれども、一応書類上というんですかね、書類の関係でこういうふうにお願いしたいといって私が預かりました。」

――こういう書類を作ろうということになった、この理由は何なんですか。どういった意味でこれを作ろうとしたんですか。

「それはやはり勘定科目が病院で、山形個人に出すというようなこと、そんなもの帳面上できませんので、一応そういう便宜上こういうものをこしらえて署名捺印してくれと、こういうふうに私は預かりました。」

――そうすると、石田被告人が山形教授に渡してた月々一〇万円のお金は、これが寄附だというわけではないわけですよね。

「ないです。」

――その書面というのは形式的なものであると、こういうことですか。

「はい。私は山形個人に行くお金と思ってます。」

――資料二を示します。このメモに見覚えありますか。

「……はい、ございます。」

――これはどういったメモなんですか。

「これは山形先生の振込口座と。」

――その振込口座というのは、山形教授がここに振り込んでくれということで渡してきたということですか。

「そういうことです。」

――それは山形教授が証人に渡したんですか。

「はい。」

――この銀行口座名義なんですが、一見すると山形個人か個人じゃないか、ちょっと中途半端な名義なんですけど、これはどういった口座だというふうに認識があったんですか。

「これは山形先生個人の口座というふうに思ってました。」

――その点は、石田被告人のほうはどういった考えを持ってたんですかね。

「同じように言うてます。」

――同じようにというのは。

「報告してます、私から。一応山形先生の個人口座へ振り込んでくださいと。名義上、医学講座と入ってますけども。」

【裁判長の尋問】

――山形先生の個人口座であるということを石田被告人に話していると、こう聞いていいですか。

「そうですね、言うてます。」

――直接話してるんですか。

「はい。」

【検察官の尋問】

――そうすると、そういった書面、寄附申請書というさっきの資料一なんですけども、こういうのがあるんだけども、これはただ単なる形式上のものであるということは間違いないわけですよね。

「はい。」

〔第一七回公判（平成一三年一二月五日）速記録〕

水沢はここで初めて「個人口座であるということを石田被告人に話している」と証言した。そして次のように続けた。

【弁護人の尋問】

――それから、一〇〇万円が個人的に山形先生のところへ行くのか、それとも教室内、医局内、そういうところへ行くのか、名目と実質がどうであるというような話は、石田先生にはしていないんだということを前回（著者注：第一六回公判）おっしゃってますね。それは覚えておられますでしょう。

「覚えてるようで覚えてないようですけれども、まあ一応。」

――山形さん個人が使いますからというようなことは言っていない、月々一〇万円出すことについては問題が大きいから、それについては大学に対する寄附金、あるいは医局に対する寄附金だと、それを一〇万円出してくれと山形さんは言ってますよということで話ししていたのか、一応書類上はそうするけれども、山形個人が使うお金として一〇万円出してくださいと言ってると言ったのか、どちらかという質問に対して。

【検察官の異議】

――異議がありますけれど、質問をもう少し要約してやっていただければ、それだけ長いと証人も覚えきれないんで、私だって覚えられないんで。

【裁判長の尋問】

――異議は理由ないですよ。今のは止めたという感じがありますから、聞いていただいて結構です。要するに、そういう答えを前したということについてはどうですか、覚えてますか、覚えてませんか。

「少し覚えてるような記憶はありますけれども、一〇万円の趣旨でしょう。先ほどから弁護士さん、一〇万円一〇万円って、そればかりおっしゃってますけれども。」

――よく聞いてほしいんだけど、今日は書類を見て、表向きのやり方と真意とは違うということを話されましたよね。つまり、表向きは大学の医局に入るような形になってる、あるいは寄附的な名目になってるけれども、本当は違うんだということで、それは石田も知っておるという話を今日されたでしょう、そこの関係なんです。だから、そこが非常に重要なんで、その点は、そういう表向きのやり方と、実際山形個人に入るということの違いというのが、石田に分かるようにあなたは話しされてますかと、そこは聞いておきたいんですけど。

「一応、山形先生にお渡しするということは言ってます。」

――その一応というのはどういう意味ですか。

「一応ということは、これは南海平野人の独特の表現なんですけれども、じゃあ、一応はややこしいから外します。山形先生からこうこうこうでと聞いたことを石田先生に報告して、最終的には山形先生の口座へ入れると、こういうことですね。その口座は経理の処理上必要ですからという、ああいう口座の名称があるわけです。しかし、山形先生から要求されたお金は、山形先生個人というふうにはっきり言ってますし。」

――それは、石田被告人に直接あなたが言っているということで聞いてよろしいですか。

「そうなると、よく覚えてませんけれども、石田先生か秋田事務長か、どちらかです。」

――この前もそういうことおっしゃったけど、そこは石田さんが分かっているはずだという何か根拠がありますか。

「山形教授から、個人から私が聞いて、そして石田理事長に報告してそれを振り込んでもらうということですから、山形先生の口座へ入れるということであって、大学とか医局とか、そんな話はしたことありません。」

――こういうことがあったんで石田は分かってるはずだという何かエピソードでもあれば知りたいんですが、二人で話ししてるときにこんな話があったとかね。

「自分の記憶をたどれば、そのフカガワという料亭で、水沢君から頼んだ、聞いてくれてるかというふうに言われたことを、ああ、承知してますと、石田理事長がおっしゃったことぐらいしか記憶にありません。」

――それは、とらえようがいろいろありますよね。水沢さんから聞いてるかいうたら、それは聞いてるわけでしょう。

「はい。」

――一〇万円出すということも聞いてるわけでしょう。

「そうです。」

――それは僕個人にくれる金だよという話を聞いてるかというような趣旨が出たかどうかなんですけど。

「それは覚えてません。」

――それから、事務長か本人かいうのは、どっちの確率が高いですか。

「やっぱり理事長が確率高いです。」

――なぜそう言えます。

「やはりお金のことですから、トップと直接話ししないと。」

――重要な問題だからということですか。

「そうです。」

【弁護人の尋問】

――振込口座名は、先ほど検察官から示されましたけれども、救急医学講座代表山形幸治さんですね。

「そうですね。」

検察官請求証拠番号甲一四六、書証の写し作成報告書を示す
――わざわざこういう口座名を指定されたんですよね。それは、そのときに当然意識しておられますよね。

「はい、そうですね。」

――なんでこれは個人のそのままの口座でなかったんですか。

「それは私分かりません。」

――そんな説明、わざわざないわけですよね。

「ないです。」

――ここに振り込んでくれということで示されたわけですよね。

「そうです。」

――ここに振り込むということを指示されたことについて、そのまま石田先生に、ここに振り込んでくれということですというふうに言われたんではないですか。

「このときは、石田先生か事務長かちょっとよく覚えてませんけれども、当時の東朋香芝の現場責任者が秋田事務長であり、オーナーが石田先生ですから、どちらかにこれを渡したはずです。」

――そうすると、常識で考えていただいたら分かると思うんですけど、わざわざ秋田さんに、これは形式で、実質は山形先生個人にいく金だぞなんて言う必要がありますか。そんなこと言ってないんじゃないかな。

「そういうことを言うたか言わないか、覚えてません。」

――そんなこと言う必要はないんじゃないですか、今から考えても。

「だから、言うた覚えあるかないか、覚えてません。」

――覚えがないというのはいいんですよ。あなたが当時関与しておられたこと、常識でちょっと思い返してみられて、ここへ振り込んでくださいよと言えば足りることでしょう。

「そうですよ。」

――わざわざ本当は個人に行くんやとかいうことを言う必要まではないと、これはそうじゃないですか。

「言う必要まで、私、言うたって供述してますか。」

――いいえ。言ってないという可能性のほうがずっと強いというか、言ってないというのが多分事実と考えたら間違いないんじゃないでしょうかね。

「そういうことは言ってません。山形個人の口座とかどうとかいうのは、これを見れば分かるんですから、ここへ振り込んでくださいと、今弁護士さんがおっしゃるとおりです。」

――そうすると、あなたは前回の証言のときに、それは山形個人が使うというようなことは、私は石田先生に言うた覚えはありませんとこうおっしゃってる。だから、秋田さんにも、石田先生にも、そういうふうに言うた覚えはやっぱりないわけでしょう。

（うなずく）

――これはここで正しいんでしょう。

「石田先生にも秋田事務長にも言ってないだろうと、こういうことでしょう。山形先生の口座へ振込んでくれということは、それは言うてますから、それは前のことですね。」

――山形先生の口座いうのは、この口座のことですね、今お示ししておる。

（うなずく）

「個人とかどうとかと言われますと、頭、混乱しますんですわ。」

【裁判長の尋問】

――確認ですけど、口座の紙については、その紙をここに渡してここへ入れてくれというのは、それはそうなんでしょうね。

（うなずく）

――その元になる話の中で、要するに、山形個人にするのか。

「素直に、裁判長さん、判定していただきたいのは、私は山形先生個人からここへ入れてくれと、そのように向こうへ、先方へ言うてくれということで預かったのがあれなんですよ。」

――それは分かってるんです。要するに、あなたと山形と対してるときは、山形個人が使う金で、寄附でも講座に入れる金でもなくて、それは山形個人が使う金として、形はこういう形式を取るということの話は出てるわけですよね、というか、あうんの呼吸で分かってるわけですよね。

「そのように聞いてます。」

――それはいいんです。しかし、あなたがメッセンジャーとして、今度は石田との間で話してるわけですよね、そうでしょう。

（うなずく）

――石田にどういうふうに伝えてきたのかが問題なんです。

「だから、先ほどの口座を見せて、ここへ振り込んでくださいということですね。」

――だから、それしか言わないのか、要するに、医局員を派遣してくれという話がもともとあるわけでしょう。それとの関連で、その医局員を派遣してくれということの謝礼として、山形個人に渡す金だという話が出ているのかどうかなんです。

「出てます。山形個人なんです。」

――それが重要なんです。それは出てると言って、また弁護人が聞くと、いや、具体的な話はしてませんということになるんで、何度も聞いてるんです。

「だから、山形個人であって、私、そのとき、これは大学へ入るとか、これが医局へ入るとか、そんな話はしてません。とにかく山形先生に振り込んでくださいと、分かりましたと、振込先はということで、先ほど見せられたあの書類が振込先と、こういうことです。」

――そうすると、石田からは、これは寄附とか、そういう形にしてもらえないかという話はなかったですか。

「寄附行為というのは、先ほど検事さんに聞かれましたけれども、必ず、大学、医局から、書類若しくは電話で、こうこうこういう学会がありますから協賛願いたいというのが、別の枠で指示があるわけです。」

――ちょっとまたそれも、要するに、例えば昔は個別に医師がどこかで学会行くとかいうときに金出してやるとか、そういうことがあるわけですよね。

（うなずく）

――今重要なのは、大学の研究費の寄附としてやっているかどうか、そういう個別の医者がどこか行くときに金を出すためにやっているのかというのはまた別の問題でして、要するに、大学の研究のための寄附としてお金を出したのかどうか、そうでなくて、医局自体の研究のために出したか、それとも山形個人に出したのかが問題になるわけですけれども、あなたの認識としては山形個人に出したということで一貫してるわけでしょう、それは分かったんです。要するに、石田との関係で、その点についてのやり取りはなかったですか。

「山形先生に振り込んでくれですから、当然石田先生も山形個人と、こういうふうに解釈してるん違いますか。」

――そうあなたは思ってたわけですか。

「それを医局とか大学と言うんでしたら、また別の観点で、そういう書類なり連絡があると思います。」

――この大学に対する寄附、こういう形にできんかという話はなかったですか、石田から。

「全然ありません。」

――全然ない。

「はい。」

――全くなかったですか。

「全くないです。分かりました、山形先生とこへ振り込みますと、振込先はと言うからこうこうこうでと、後日か二日後か忘れましたが、その口座を渡したわけです。」

――あなたは、そういうやり取りの中で、石田は個人に対する寄附だということは重々認識してたと思ってたと、こういうことですか。

「当然そうだと思います。一〇〇パーセントそうだと思ってます。」

――何かもめたようなことはないですか。

「全然ありません。」

〔第一七回公判（平成一三年一二月五日）速記録〕

他の部分に比べ、「一〇〇パーセント」の明確さが極めて不自然に浮き上がって見える。このように水沢は第一七回公判から被告人が偽装を認識していたとはっきりと断言するようになった（しかし、それでも偽装である旨を被告人に説明したとは言い切れていない）。

読者が裁判官であれば、この水沢の証言をどう取り扱うだろうか。

第五章　平成一〇年一二月に山形教授に五〇万円が渡った件

第二の起訴事実は、一九九八（平成一〇）年末に水沢に託した五〇万円が山形一人に渡っており、それが医師派遣のお礼だったとされた件である。

ここでは主に、もともと被告人石田にこの五〇万円を山形一人に渡す意図があったか、そもそもその当時、山形に謝礼を渡すべき事情があったのかなどが争点になった。

一　被告人と関係者の供述・証言の食い違い

【一審判決文】

これを被告人が了承したという点に関する水沢の供述は終始一貫しており信用性が高いこと、東朋香芝病院の経理担当であった南田が、被告人から「この（立て替えた一〇〇万円の）中から、奈良医大に持って行く現金五〇万円と商品券二〇万円分を出してくれ。奈良医大には水沢さんが持って

【二審判決文】

（特に言及なし）

行くから、水沢さんが言ってきたら渡してやってくれ。」という指示を受けた旨供述しているところ（甲八五）、この供述は、南田が被告人に不利益な事実を不明確なまま供述したとは考えにくく、信用できるところ、その内容は、水沢の供述内容と一致するが、被告人の公判段階の供述内容とは矛盾すること

（事実認定の補足説明）

第2、3、（2）、二三一頁傍線㊅

既に述べたように、私は山形に五〇万円渡すことについて了承した覚えはない。五〇万円はあくまでも奈良医大の一〇数名の先生方のために出したつもりであったから、私は二〇〇〇（平成一二）年一二月一二日までその話を一切否定していた。しかし四二日間限りの勾留で終わるようにという望みを託して、止むを得ず一二月一三日に検察官調書に署名した。調書の内容は私の供述ではなく、確認しなかったが水沢と山形の供述調書から検察官が作文したものであることは判っていた。

私は、計七〇万円の予算をつけたから水沢の指示に従って出金するようにと経理の南田に電話したのみで、「現金五〇万円と商品券二〇万円分」と説明した覚えはない。しかし判決は南田の供述（しかもこれは一方的な検察の供述調書である）と水沢の供述内容とは一致するが、被告人の公判での供述とは矛盾す

ると言う。五〇万円の現金と二〇万円相当の商品券という話と七〇万円の予算という話が、被告人の証言の説明を覆す程の差があるだろうか。単に現金と商品券という言葉の相違に過ぎない。

私は公判での被告人（私）の証言が南田の供述と相違していると思わない。南田は、水沢の指示に従ったまでである。まして、検察官の誘導に異を唱えて訂正させるほどの違和感も感じなかったはずである。だいたい、「水沢は被告人の指示に忠実に従っている」とするなら、水沢が南田に菓子箱を買わせているのはどうだろう。これまで私の指示とは言わないだろう。水沢は私の認める範囲で都合のよいやり方を考え南田に指示したに過ぎない。南田がそれを私の直接の指示だと思っただけの話だ。

二　動機またはその背景

【一審判決文】

平成一〇年一二月当時、脳神経外科医師を確保するために、水沢を通じて山形に協力を依頼し、そのために、山形が尽力したことが認められ、平成一〇年一二月当時、脳神経外科医師を確保する為に水沢を通じて山形に協力を依頼し、この時期に山形に対し謝礼として現金五〇万円を供与する

【二審判決文】

（特に言及なし）

事が事態の推移として極めて自然と言えること
〔（事実認定の補足説明）
第2、3、（2）、二三二頁傍線㋨〕

一体、どこが自然だというのだろうか。

判決文の言うとおりの「尽力」が仮にあったとして、そして結果として脳外科医が確保できていたのであれば別かもしれないが、実際はその「尽力」も結果も得られていない。何もないのだ。ならば何のための「謝礼」なのか。判決文の論理は極めて不自然と言わなければならない。

この「第二事例」で五〇万円の歳暮が山形に渡った頃の事情は、以下の山形の供述に詳しい。


小谷院長は脳神経外科医で、東朋香芝病院の脳神経外科の中心的存在でした。

彼が退職すれば、東朋香芝病院の脳神経外科は医師が足りなくなります。そこで石田理事長は後任の脳神経外科医を確保するため、奈良医大第二外科学（脳外科）教室から脳神経外科医の派遣を受けられるよう、水沢さんを通じて、私に、その口添えを依頼してきたのだと思いました。

しかし当時、第二外科学教室は外部の病院に医師を派遣出来る状態ではありませんでした。私自身、第二外科学教室から救急医学教室に医師を一人回してもらおうとしましたが、第二外科学教室の桜川先生に断られていました。なので、私が口添えしても、東朋香芝病院に派遣してもらうのは無理だと思っていました。

救急医学教室の医局には、教授である私の下に、救急医療に関する研究をする医師が集まっていました。医局員はそれぞれ専門の研究分野を持っており、脳神経外科、消化器系外科、胸部外科、腹部外科、整形外科、消化器系内科、循環器内科など様々な分野の医師が集まり、医局全体で総合的な救急医療の研究活動をしていました。

当時、救急医学教室の医局には脳神経外科専門医として、教授（私）のほか、品川隆治（仮名）講師がいました。品川先生は、平成一〇年六月から一二月までの約半年間、アメリカに留学しており、その間、救急医学教室の医局には、私以外に脳神経外科の専門医がおりませんでした。

私は、医局の研究活動を充実させるには、脳神経外科を専門とする医局員が必要だと考えていました。そこで品川先生が不在の間、代わりの医師を第二外科学教室から回してもらおうと思った。そこで、品川先生がアメリカに行った少し後に、桜川先生にその旨を申し入れました。

しかし桜川先生は、第二外科学教室の医局員の何人かが開業したために医局員が足りなくなっており、救急医学教室の医局に医師を回す余裕がないと、申し出を断られました。

ただ、医局員を週に何日か臨時で行かせるのなら可能だというので、医局員一人に週に何日かだけ救急医学教室の医局に来てもらうようになりました。

このように私は、第二外科学教室は同じ大学の医局にさえ医局員を出せないのだから、外部の病院に常勤医を派遣する余裕などないと思いました。私は水沢さんに、脳外科はいま、人がいないみたいだから無理でしょう、救急からも、品川先生の代わりに脳外科の医局員を一人回してもらえないかと頼んだが、桜川先生から人がいないから無理だと断られました、救急の医局にも人を回せないので、東朋香芝病院に常勤を出すのはは無理でしょうと言い、第二外科学教室から常勤の脳神経外科医を東朋香芝病院に派遣するのは無理だという見込みを説明しました。

水沢さんは、お願いしても無理ですねと言い、あきらめていました。

〔平成一二年一二月一四日供述調書（要旨）〕

第一部第一章「二　奈良医大への年末の挨拶と脳外科医の退職」（三〇頁）で書いた話の裏にはこのような事情があった。この年末に私が一〇数名の先生方への歳暮にと水沢に託し、実際には水沢が山形一人に渡した五〇万円について、山形本人はこう供述している。


私は平成一〇年一二月下旬ころに、水沢さんを通じて、石田理事長から現金五〇万円をもらう前に、品川・天野（仮名）両先生の派遣を約束していました。なので、石田理事長や水沢さんが、品川・天野の両先生を東朋香芝病院に派遣することへのお礼の意味も当然含めていることは分かっていました。

特に当時、石田理事長は脳神経外科医を探していたので、非常勤とはいえ脳神経外科の品川先生の派遣を喜んでいたはずです。なのでそのお礼の意味も当然に含んでいると理解していました。

そして私は、石田理事長らが、品川・天野の両先生を含めた救急医学教室の医局から東朋香芝病院への医師の派遣に対するお礼と、今後も医師派遣をお願いするとの意味の下に、年末の付け届けの形で、現金五〇万円を贈ってきたと分かっておりながら、ありがたくいただいたのです。

〔平成一二年一二月一四日供述調書（要旨）〕

また同じく供述調書によれば山形は次のように言っている。

私の記憶ではこの日、昼食時に水沢さんから、東朋香芝病院から盆暮れの付け届けをもらっているかと尋ねられました。

私は水沢さんに、いいや、もらってないと答えました。

私は平成九年から石田理事長との付き合いがありますが、この日以前には東朋香芝病院から、盆暮れに金品などの贈答品をもらった覚えはありませんでした。たしかにそれまでに東朋香芝病院から、数千円くらいの「お中元」や「お歳暮」をもらったことはあります。しかし現金や商品券など、数一〇万円程度の贈答品をもらった覚えはありませんでした。

そして、水沢さんが「盆暮れの付け届けをもらっているか」という言い方をしたのは、いわゆるお中元やお歳暮という意味ではなく、私が救急医学教室の医局から東朋香芝病院に医師を派遣したことのお礼や、医師の派遣を依頼するという意味での、現金や商品券のことだとおもいました。だから、「そのようなものはもらってない」という返事をしました。

〔平成一二年一二月一六日供述調書（要旨）〕

これら山形の供述で確認できることは、その五〇万円の趣旨は、過去のお礼と今後の厚誼を期待しての挨拶と捉えていたということである。ごく一部にパートの脳外科医を派遣するという約束に対するお礼の意味を含めているが、これは山形の記憶違いである。この時点では脳外科のパート医派遣も、その約束もなかった。

客観的に見てもこの五〇万円は不自然だと言わざるを得ない。お金というのは理由もなく動くものではない。私には山形に五〇万円のお礼をする理由がないのだ。

第一、山形が「尽力」していないのになぜお礼をするのか。山形は供述調書で脳外科教室の人員不足のために自分の教室にさえ派遣してもらえないと述べており、公判でも脳外科教室からの派遣は困難だと思っていたと証言している。実際、東朋香芝病院への常勤医派遣は実現していない。期待も成果もなく、実際に依頼したのかどうかも判らないことを尽力したとは言えない。自分の教室にも回してもらえない、そんな状況で、もし山形が関連病院への医師派遣のために尽力したとしたら、それこそ深刻な背任問題に発展していただろう。

第二、私は奈良医大からの脳外科医派遣を諦めて南海大学に伝を求めて準備をしており、確かな人物の面談の約束も得た。これは検察官も承知しているし公判で裁判官も聞いている。私は希望の持てる南海大学の話を進めようと焦っていた。そのために派遣を断られた奈良医大脳外科の教授に、わざわざ確認と挨拶のための手続きをした。

第三、五〇万円の供与を直接本人でない人から受け取り、そのことに本人が懸念を持たなければお礼の電話くらいするだろう。しかしそんなものは一切ない。水沢は理事長に報告したと証言しているが、私の記憶ではそういう報告はなかった。

第四、恒例の医師派遣等のお礼としたら、前もって確認なり約束なりがあるはずであるし、それが病院の意思なら水沢の入職前も退職後も当然行われるものである。しかしそのような事実もない。したがってそういう意味も含めた供与だとするのも不自然である。日頃のお礼は教室への二〇万円の振込をしている。したがって水沢の入職前も退職後もその種の御礼の金員は持って行っていない。

私は相当額の金額を贈与するのに贈与先に連絡もなしに他人に託すのは失礼だと考えているから、そんなことはしない。

さらに言えば、その後確かに山形は脳外科出身の医師を週一回のパートで派遣してくれた。しかし常勤とパートでは全く意味が違うので、ありがたみもさほどではなかった。事実、その後一年三カ月の間、東朋香芝病院の脳外科では手術らしい手術は行っていない。

当時私は、奈良医大の人脈は水沢個人の開拓による個人の才覚の賜だと考えていた。しかし裁判以降、彼の人脈は山形ただ一人で、残りの先生方は山形の采配によるものだと判った。それなら確かに水沢にとっては、一〇数名に分けて出すよりも山形一人に全てを渡した方が都合が良かったのだろう。しかし繰り返すが、私には山形に五〇万円を渡す理由はない。

三　被告人の供述調書

【一審判決文】

被告人自身、捜査段階では、水沢に依頼して、山

【二審判決文】

（特に言及なし）

形に対し、現金五〇万円を渡した旨供述しており、この捜査段階の供述に特段不自然な点はうかがわれず

〔(事実認定の補足説明)第2、3、(2)、二三二頁傍線㋔〕

確かに私は山形一人に対して五〇万円を贈ったという虚偽の内容の供述調書に署名してはいる。その理由については既に第一部第二章「二　取調べの問題点」(五八頁)で詳しく述べた。長期勾留、そして実質的な保釈権が検察にあることが人質司法を動かし難しいものにしている。これが虚偽の自白調書、調書裁判、更には有罪率九九・九%等の大きな原動力になっており、恥ずべき日本司法の惨状を生みだしている。いち経営者が長期に身体拘束されればその組織はどのような苦境に陥るか、その状況が経営者にどのような判断を強いるかについて、裁判官に普通の常識があれば容易に推察できるはずである。顔を上げず調書ばかりを読んでいるから、このようなことも見抜けない。適正手続という司法の柱を正さなければどうにもならない。

四　弁護人の助言

【一審判決文】
かつ、弁護人から十分な法的アドバイスを受けていたと認められ、十分信用できるのに対し
〔(事実認定の補足説明)第2、3、(2)、二三二頁傍線㋗〕

【二審判決文】
(特に言及なし)

検察官の作文した、事実でない内容の供述調書に私が署名したことを言っているのであるが、実際に体験した者の目には、こんな説明は取調べの実態を知らないふりをした悪ふざけにしか思えない。被告人の不利益を無視してまで、弁護人が真実を述べよと言えるわけがないではないか。真実を通せば保釈はいつになるか判らないのだ。私があえて信念を押し通して勾留が長期となり、病院の経営が蹉跌することを思えば、彼等もそれでも本当のことを言えとはアドバイスできない。事実、弁護人は「できるだけ本当のことを言ってください」と言っただけである。

しかしこの判決文の惚け方はどうだろう。世に言う人質司法の実情を裁判官達が知らないわけはない。「弁護人から十分な法的アドバイスを受けていたと認められ、十分信用できるのに対し云々」を、堂々と判決文に有罪の根拠の一つとして記載する心理がわからない。私はよほど馬鹿にされているのだろうか。

五　財産的利益供与の相手方

【一審判決文】

被告人の公判段階の供述は、財産的利益の供与の相手方が漠然としているなど不自然な点が見受けられ、信用できないことなどに照らせば、被告人が、平成一〇年一二月下旬ころ、水沢に依頼して、山形に対し、医師派遣の謝礼等として現金五〇万円を渡したと認めるのが相当である

（事実認定の補足説明）

〔第2、3、(2)、二三二頁傍線㋳〕

【二審判決文】

（特に言及なし）

歳暮を渡す相手が漠然としているから不自然としているのだが、理事長が歳暮の行き先までいちいちチェックする方がおかしい。

水沢は検察官調書の中で、すでに山形を含めて五名の教授達に親しくしてもらっていた旨述べている。また山形も調書の中で、これに加えてさらに三名の教授を水沢に紹介したと証言している。

その教授達の下にはその数倍の教室員がおり、私と水沢との日常の会話の中では当然一〇数名以上の

名前が登場していた。私はその方々への挨拶として五〇万円を用意したが、誰を選ぶかは実際につき合いのある水沢に任せるのが自然で、私が相手の名前を一名一名指示する方がおかしい。漠然としていて当然だろう。裁判官は被告人が有罪との予断・偏見を持っているからそんな不合理な説明になる。

控訴趣意書は、次のようにまとめている。

原判決は、これについて、一〇数人の奈良医大の関係者に対して渡すものとしての金員を、水沢が被告人の意思に反して山形に渡したものであるとの被告人の供述を否定した。しかし、この認定については、その前提となる、関係各証拠から「明らかに認められる事実」自体に誤りが存している。

原判決第二の二(一〇)は、「平成一一年三月に小谷院長らが辞めることに対応し、山形から、水沢を通じて奈良医大第二外科等に脳神経外科の医師派遣を要請するのを断られた。『ところが、平成一〇年一二月ころ、山形から、救急医学教室及び救急科に対応する医局に属する医師で、脳神経外科を担当できる医師等を平成一一年一月から香芝病院に派遣する旨の回答を得た』」とする。

しかしこの認定は、平成一一年一月からの山形による救急医学教室あるいは医局からの医師派遣によって、香芝病院において、「脳神経外科の担当できる医師が確保できた」との意味であるならば、事実に反する。

確かに、香芝病院は、山形から、脳外科出身の医師を週一日派遣するとの連絡を受けたが、週一日の派遣では脳外科の仕事をすることはほとんど不可能であり、現に派遣された医師はいずれも現実に脳外科を行える医師ではなかった(被告人二七回公判調書)。山形自身、救急医学にかかる医局の長としてこの様な事実は十二分に認識していたはずであるし、香芝病院としては、脳外科医の不足の対応をするため、この時期、南海大学からの医師派遣に向けて準備を開始していたのである。

このように、この時期被告人にはわざわざ、山形に金員を送る理由は全くなく、それを前提とする原判決の事実認定は誤りである。

また、被告人は山形らに対して、現金を渡す際には、必ず、自ら出かけていって、挨拶の上、渡しているのであって、このような渡し方は本件事件で明らかとなっている被告人の対応としてはあまりにも不自然なものである。

原判決は、前記のとおりこの点に関する水沢の証言の信用性は高いと判示している（二七頁）。しかし、被告人が広い範囲に浅く金銭を贈ろうとしたのを、水沢が、自分と山形とのつながりを強固にするために、これらの大半を山形に贈ったのである。被告人の手前水沢が、被告人主張の事実があっても、これを認めようとしないのは、ある意味では当然である。その意味で、もともと、水沢の証言の信用性には疑問があるのである。

そもそも、すでに述べたように水沢の供述は全体として信用できない。どのような供述でも、供述の一部だけを取り上げてその信用性を肯定することはできない場合が多い。とりわけ水沢の供述のように、供述の根幹にかかわるような部分に重大な問題があることが明らかとなった場合には、水沢の他の一部をとりあげて一貫しているからなどという理由でその部分を信用することはできない。

ここで問題としている、「山形教授に対し現金五〇万円、川島教授に対し二〇万円相当の商品券をそれぞれ渡す」ことになったことに関する被告人と水沢の間の話し合いに立ち会った第三者はいない。

被告人は水沢の「一貫した供述」を否定している。しかも、被告人はやみくもに否定しているのではなく、当時すでに脳外科の医師の派遣は頓挫して別の方策を理事長である被告人自身が開始していたことや、相場どおりに派遣医師に対応する金額を支払っているのにさらに多額の金銭を支払う必要性がないことなどを明らかにしている。実際、年末の時期に奈良県立医大関係者や奈良県関係者に広く浅く歳暮をしようとすることは自然で合理的でもある。このような被告人の弁解に対して水沢の供述の信用性に疑問があれば、いかに水沢の供述がその部分に関して一貫していようが、とうてい水沢の供述どおりには認定できないはずである。

ただ、原判決は、「水沢の供述は終始一貫している」ことの外に「……(南田)の供述は……信用できるところ、その内容は、水沢の供述と一致する」という根拠も挙げている(原判決二七頁)。そこでこの点について念のために触れておくと、もともと南田の検察官調書は水沢の検察官調書が作成された後に平成一二年一二月一三日に被告人の検察官調書が作成され、その三日後の一二月一七日付けで南田の検察官調書が作成されている。南田の検察官調書が検察官の誘導のもとの作成されたことは想像に難くない。しかも、供述が水沢の供述と一致し、他方で被告人の供述と両立しないようなものであればともかく、実は根本的なところで被告人の供述と矛盾しているわけでもない。

被告人が南田に対して出金を指示したことはその通りであるし、その金額も南田の供述どおりである。その金を水沢に渡すように指示したのもそのとおりである。そして主要な金の配り先が奈良県立医大であることも被告人の認識とずれていない。とすると、南田の供述なるものは、水沢の供述を信用性を補強する一方で被告人の公判供述を否定するような性質のものとは言えない。

原判決は、被告人がそれまでにも山形、川島両教授に対し、相当高額な商品券を渡し、渡そうとしたと言うが、この事実は本件とは無関係である上に、これら高額の商品券は、被告人自らが渡したものであって、むしろ、被告人が水沢に依頼したとする本件事実認定が誤っていることを示す事実である。

第六章　教授の「職務権限」

最後に、職務権限の問題がある。

私は一審・二審の判決を不服として最高裁に上告するように要請した。上告審では判例違反と憲法違反の理由以外は通例取り扱わない。つまり一審・二審同様の、事実認定を争点とするやり方では上告自体が門前払いを食らうこともありうる。そこで気が進まなかったものの、山形教授の職務権限の問題を前面に出して上告することとした。私が気が進まなかったのは、この問題を争点とする場合、事実認定（私が現実に金を渡したのか、私に贈賄の意図があったのか）を二の次にすることになるわけで、それはつまり「私が賄賂と思って渡したのだとしても、山形にそんな権限はなかったじゃないか」という、結果的には開き直りの論理になってしまうという懸念からである。しかし上告を受理してもらうにはこれしかないと思えた。

以上の事実関係の下で、山形がその教育指導する医師を関連病院に派遣することは、奈良医大の救急医学教室兼附属病院救急科部長として、これらの医師を教育指導するというその職務に密接な関係のある行為というべきである。そうすると、医療法人理事長として病院を経営していた被告人が、その経営に係る関連病院に対する医師の派遣について便宜ある取り計らいを受けたことなどの謝礼等の趣旨の下に、山形に対し金員を供述した本件行為が贈賄罪に当るとした原判決は正当である。

平成一八年一月二三日

最高裁判所第二小法廷

裁判長裁判官　今井功

裁判官　滝井繁男

裁判官　清野修

裁判官　中川了滋

裁判官　古田佑紀

これが、最高裁の判決文である。

山形が医師派遣の権限を実質的に持っていたことは事実であるが、私はそのことを問題にしているのではない。罪刑法定主義――人を処罰するには、その罪の内容と量刑が予め明確に規定されていなければならないという原則――に基づいて、法的根拠を問うているのである。この「法律無ければ犯罪なし。法律無ければ刑罰なし」はかつて絶対主義国家に見られた罪刑専断主義を廃し市民革命が勝ち取った民主主義の大原則である。この原則は第二次世界大戦後は世界人権宣言一一条や国際人権（自由権）規約一五条にも謳われ、我国の憲法三一条にも明文化されている[25・26・27]。

学校教育法は、教授の職務権限に関して、次のように規定している。

学校教育法第五八条（学長・副学長・学部長・教授その他の職員）

六　教授は学生を教授し、その研究を指導し、又は研究に従事する。
七　助教授は教授の職務を助ける。
八　助手は教授及び助教授の職務を助ける。
九　講師は教授又は助教授に順ずる職務に従事する。
（以上、事件当時の規定。その後、二〇〇六〔平成一八〕年に改正があったが、大きな変更はない）

東朋香芝病院は、派遣医師と労働契約を結んで年間一二〇〇万円から一五〇〇万円の対価を支払って働いてもらっている。教育カリキュラムもないし、派遣医師に対する教育者もいないし、教育予算もない。そもそも教育であれば被告の病院から大学にお礼をする必要はないだろう。

つまり中小病院に対する医師派遣は、教育派遣でなく労働者派遣である。

労働者派遣は教授の職務ではない。職務でもないのに職務密接関連行為に当たるはずがない。

私の裁判中に、関西医大の研修医が激務のため死亡した。大学はこれを教育の一環として過労死による損害賠償を逃れようとしたが、裁判所は研修医を労働者と認定し大学に損害賠償の支払いを命じ、その後労働基準監督署によって労災も認定された。大学病院の研修医ですら実態は労働者である。これは、真っ当な判決である。

また、一九八五（昭和六〇）年、福岡県内の民間病院が医師派遣の見返りとして国立大学医学部の教授に多額の現金を贈っていた疑惑を、同県警が捜査したことがある。しかし大学外部の病院への派遣という職務権限がネックとなって立件は見送られた。不正義を逃したという問題が残るにしても、法の根幹である罪刑法定主義に基づいて司法への信頼を揺るがさなかったことは賢明な判断であった。然るに、私に下されたこの司法判断はどうだろう。刑事法学者の故・井上正治流に言えば、就職の斡旋は教授の職務でもないのに「職務密接関連行為」が成立するはずがない。最高裁の判断は明らかに憲法違反である[28]。

[25]加瀬俊一「序」佐藤和男監修／終戦五十周年国民委員会編『世界がさばく東京裁判』(ジュピター出版、一九九六年)一頁。
[26]谷沢永一『反日的日本人の思想』(PHP研究所、一九九九年)一四八頁。
[27]石松竹雄『刑事裁判の空洞化』(勁草書房、一九九三年)三二、三三、三五頁。
[28]井上正治『田中角栄は無罪である。』(講談社、一九八五年)一六三頁。

第三部　有罪の構成の問題点

第一章　認定方法の誤り

以上、個別の判決文について検討したが、これらから浮かび上がる問題点を改めてまとめてみたい。控訴趣意書から引用する。

原判決は、賄賂性の有無及び被告人の賄賂性の認識に関し、弁護人の主張を認めない。しかしながら、まず第一に原判決が賄賂性等を認定する、その認定経路自体に大いに疑問が存する。

原判決は、本件にかかる各賄賂事実のうち、まず、第一に、公訴事実一のうち、時期の遅れる平成一一年一二月から同一二年三月までの山形個人名義口座への振込金につき賄賂性の認識のあったことを認定し（以下「第一の認定事実」という）、第二に公訴事実二の平成一〇年一二月頃の山形に対する現金五〇万円についての賄賂性の認識を認定し（以下「第二の認定事実」という）、第三に平成一〇年一月から平成一一年一一月までの救急医学講座代表名義口座への振込みにつき賄賂性の認識のあったことを認定する（以下「第三の認定事実」という）との構成をとっている。

第三の認定事実は、平成一〇年一月から平成一一年一一月までの期間に渡る事実であるが、賄賂性の有無とそれに対する認識が問題とされるのは、あくまでも第三の認定事実のうち、平成一〇年一月に為された口座振込みの行為であって、その後の振込み行為は平成一〇年一月の行為の単なる継続に過ぎない。

してみると、原判決は時間的にはまず、後の行為に関する認定を行い、有罪の心証を持った上で、この心証を基礎として、前の行為に関する認定を行い、しかも前の行為を認定するにつき、後の行為に関する認識を根拠とするとの構成をとっており、予断と偏見に満ちた認定であると言うべきである。

上記各認定の各根拠事実の存在自体に異議のあることは後に詳述するとして、まず、始まりが最も早い、第三の認定事実についての賄賂性の有無及びそれに対する認識を認定するに際しては、それが故意の存否に関する認定である以上、あくまでも第三の認定事実が生じた時点での被告人の認識を問題にすべきである。第三の認定事実が行われた後、約二年も時間が経過した後になって行われた第一の認定事実に対する認定を根拠に、故意を認定することは極めて不当な認定であると言わざるを得ない。

第二の認定事実についても、第一の認定事実から一年も経過して後の事実であって、しかもその行為形態は、第三の認定事実とは全く異なっていることも見過ごしており不当である。

控訴趣意書が指摘するのは、判決が時系列を逆にして賄賂性を認定していることである。つまり、山形の申し出により入金口座を変えた後の一九九九（平成一一）年一二月からの四カ月の入金を、振込口座の変更を了承した秋田に対して私が異議を述べなかったことを根拠にまず賄賂と認定し、これを根拠としてそれ以前（一九九八〔平成一〇〕年一月から）の月々の入金を「質的な差」がないからとして賄賂と認定している。

素人が考えてもこのような認定の仕方は普通ではないと思う。私の場合はいつであっても一貫しているが、一般には二年も経てば当人の認識が変わる可能性も十分あるはずである。同一の行為の繰り返しであれば最初の行為の継続と考えなければならないが、変更なり追加の場合は、その時の認識を遡って最初からの認識と決めつけるのは無理がある。

第二章　つまみ食い判決と採証原則の逆転

今回の私の裁判について、第一に挙げなければならないつまみ食いは、研究費等寄附金承認申請書の無視である。

この法治国家において、全ての社会的行為の基準は書面によって確認されていると言って過言ではない。個人的な願いも意思も、この法的手続きに集約して行動するのが市民社会の常識も常識である。私はこの書面の内容に納得し記入し、署名した。当然山形教授から奈良医大学長に渡るはずであった。記入法が間違っていたとしても、それは山形教授の記入に倣ったまでのことである。この申請書が奈良医大学長に届いていなかった事実は認めざるを得ないが、その責任が当方にあるわけがない。もしこれを理事長なり東朋香芝病院の咎とするなら、理事長なり東朋香芝病院が申請書の偽装工作に関わったか、その謀議に参加した証が必要だろう。判決はこの最も重要な事実を無視している。

第二の重要なつまみ食いは、秋田事務長の再三にわたる供述と証言の無視である。問題とされた口座変更に関して秋田は再三、供述と証言を繰り返している。秋田は山形から従来の口座は「引き出しに時間がかかる」「一回の引き出しの額に制限がある」との説明を受けていた。両者の対話は振込みが明らかに教室の費用であることを前提になされている。この発言によって秋田の取調べは中断し、検察官が勾留中の山形に事実を確認しに行く間、約一時間弱も待たされることとなった。検察官は山形に裏を取っているのだ。当時なお勾留中であった山形の公判での証言は検察官の圧力のため「覚えていない」であったが、この事実からしても秋田の証言の信憑性は高いと見るべきだろう。

第三に、一九九九(平成一一)年一二月に私が「給与アップとして」と言い、裁判官が「医師派遣の見返り」として支払ったとしている二〇万円であるが、山形の奈良医大退官後も、すなわち、医師派遣権限の消失後も同様に給与として支払っている事実も無視している。彼等はこの事実を無視することによって、自らの論理の矛盾を隠蔽している。

判決は有罪に都合の悪い事実を無視し、こじつけでも何でも有罪に少しでも有利なものは拾いまくるという姿勢であるとしか考えようがない。

採証にあたっては、間接証拠より直接証拠を優先し、主観的判断より物的証拠等の客観的証拠を優先させることは自明の理であるが、彼等は「申請書」も「権限の消失する退官後も同様に支払っている」事実も無視し、何よりも口座変更に際して「異を唱えなかった」という秋田の受け取り方を最重要視して有罪の根拠とした。このような受け取り方は人格・識見・洞察力・期待感等に左右されるもので客観的であるとは言い難いし、決して私の発言に依るものではない。

第四に問題にすべきは、裁判官の大好きな供述調書の中にある私の供述の無視である。

既に第二部第一章「二　捜査段階の供述」(八二頁)で述べたように、

「振込みをする相手は最低限医局であるという形であったとしかお答えできません」[平成一二年一一月二一日]

「医局費として使ってもらう月一〇万円……」[平成一二年一二月七日]

「山形教授が医局に関連した費用として使ってくれるものであり……」[平成一二年一二月八日]

などの供述が調書に記録されている。

　これらは検察官側からすれば明らかに不利な供述である。これを裁判所に提出したのは内部事情からすれば検察官の過誤であろう。しかし私からすれば、自分の主張をなかなか通せない供述調書の中で、かろうじて生き残っていたかけがえのない「真実」である。にもかかわらず判決はこれらの供述に対し無視を決め込んでいる。つまみ食いは裁判官の常套手段である。彼等を被告席に座らせれば冤罪捏造の手口として糾弾されるだろう。

第三章　論理矛盾

控訴趣意書は次のように主張している。

被告人の賄賂性の認識に関する認定について、まず、原判決第二の三(三)において為された認定は、その結論として述べられているところ自体が、論理的に矛盾している。

原判決は、「被告人は研究助成という名目や奈良医大ないし救急医学教室及び救急科に対応する医局への寄附と言った形式面を重視したわけではなく、要するに、医師派遣に対する謝礼として、医師派遣についての実質的決定権を有していた山形の望むとおり、金銭を振込送金していたと認めるのであり、当該振り込みにかかる金員について、山形が医局に無関係な全くの私的な用途に費消したことは予想外であったにせよ、山形個人が自由に使用できるものであることを認識していたというべきであって、その意味では当該振込先が山形個人であることを認識認容していたと認めるのが相当である」とする。

被告人が「研究助成という名目や奈良医大ないし救急医学教室及び救急科に対応する医局への寄附と言った形式面を重視したわけではなく」との認定自体に異議があることは後述するところであるが、「医師派遣に対する謝礼として、医師派遣についての実質的決定権を有していた山形の望むとおり、金銭を振込送金していたと認める」ことから、なぜ、この口座振込みにかかる金員を持って、山形個人に対する振込と結論することができるのか。

被告人は「医師派遣に対する謝礼として、医師派遣についての実質的決定権を有していた山形の望むとおり」、「救急医学講座代表」口座に振り込みを行っていたものであって、この事実からは、被告人が医局に対する振込を行っていたと考えるのがむしろ通常である。しかるに、原判決には被告人が「救急医学講座代表」の口座を山形個人の口座と認識していたとする事実は全く摘示されていないばかりか、むしろその前段には、「被告人に対し、山形及び水沢から、山形個人に対する振込みであるという明確な説明がなされていなかったと言うことがうかがわれる」との事実認定が為されているのであって、原判決の論理は誤っているというべきである。

また、「山形が医局に無関係な全くの私的な用途に費消したことは予想外であったにせよ、山形個人が自由に使用できるものであることを認識していたというべきであって、その意味では当該振込先が山形個人であることを容認していた」との論理も矛盾している。「山形が医局に無関係な全くの私的な用途に費消したことが予想外であった」ということは、つまり山形が医局に関係ある用途に使うことを予想していたということであって、振込口座の名義からしても、むしろ、被告人は当該振込先が山形個人ではなく医局であると認識していたと結論されるべきは当然である。医局に対し絶大な権力を有している山形は、実質的に医局のお金を自由に使うこともできたかもしれないが、その事と、支払先が医局か山形個人であるかに関する、被告人の認識とは無関係である。

第四章　歪曲と捏造

判決には捏造まがいの歪曲がたくさんあるが、重要な点について指摘しておこう。

一　帳簿外の処理

第二部第二章「四　税務調査」（一〇八頁）で述べたように、税務調査についての報告書で、公認会計士谷垣一平の「又、大学研究室への支払いが、研究室側にとって帳簿外の処理となるので好ましくないのではないか」とあるのを、二審の判決文は「帳簿外の処理をしている」との報告を受けていると歪曲している（二審（理由）第2、二四二頁傍線㋟）。税務上の解釈の問題点を事実と摩り替えるのも、捏造まがいの歪曲ではないだろうか。

二　源泉徴収の指示に関する捏造

また口座変更に際して、理事長であった私が源泉徴収をきっちりするように秋田事務長に指示したとの供述に対して、「秋田は、被告人から指示がなかった旨供述していることや……」としているが、これも二審裁判官の捏造まがいの作文である（二審（理由）第2、二四三頁傍線㋮）。現に秋田は源泉徴収しているのであって、改めて私の注意を忘れている可能性はあるにしても、「指示がなかった」と供述するはずはない。事実、供述調書にも、公判証言でも秋田にはそのような発言はない。

三　山形教授の尽力

一審判決は平成一〇年一二月の五〇万円の贈与に関して、山形が脳外科教室からの医師派遣に関わって「尽力した」からだと評価しているが、これは全くの作りごとである（一審（事実認定の補足説明）第2、3、(2)、二三二頁傍線㋨）。

脳外科医派遣に関して、山形、あるいは水沢の供述や証言のどこを見ても努力したとか尽力したとかいう発言はないし、五〇万円が脳外科医派遣のお礼という証言も供述もない。

自らの主宰する救急医学教室にすら派遣してもらえる脳外科医がいない状態なのに、もし尽力でもして東朋香芝病院に脳外科医を派遣するようなことにでもなれば山形ばかりでなく桜川も大学病院で背任の責任すら問われる状況であったことを考えれば、「尽力した」というのは全く裁判官の作り話としか言いようがない。

第五章　供述調書と公判速記録の乖離と逆転

判決そのものへの批判ではないが、ここでは被疑者の供述調書の内容と、公判での供述の違いに注目してほしい。

私は、公判では平成一〇年一二月の五〇万円を奈良医大関係者の年末の歳暮として使ってくれと言ったと供述しているのに対し、検察官の供述調書では山形一人に渡すことに同意したという内容になっている。

どうして日本の司法では一人の人間が全く違うことを喋るのか、それを考えてほしい。

この相違について私の責任は大きい。自分を正当化するつもりはない。しかしこれが私にとって最後の追い詰められた選択であったことも確かである。人によってはあるいは虚偽の作文供述調書に同意署名せずとも真実を通すこともできたかもしれない。しかしそれはよほどの能力を兼ね備えた特別な人間が、幸運に恵まれた場合だけだろう。通常、平均的または平均以上の能力を持った人間でもこれを乗り越えることは困難と考えられる。

令状裁判官の怠惰と責任放棄による逮捕状や勾留状の乱発。刑事訴訟法の欠陥による検察官の保釈権の保持……世に言う「人質司法」の最たるものである。人質司法とは不当な被疑者拘束によってその人権を侵害し、逮捕勾留を正当化し、検察の描いた筋書きへの同意署名を強要し、検察の成果主義に屈服させるやり方を言う。

かくして一人の人間が公判と供述調書とで正反対の主張をするという悲劇が生まれる[29・30・31・32]。しかしこれが公判で救済されるかと言えば、それもまた絶望的である。この「人質司法」は、元を正せば公判裁判官の調書崇拝主義が決定的な元凶となっているのだから。

日本の司法も多くの先進国と同様、公判中心主義という看板を掲げている。これは法令として次のように明文化されている。

公開主義（審判を公開の法廷で行うこと）

憲法第八二条、憲法第三七条一項、刑事訴訟法第五三条一項

口頭主義と直接主義（証拠調べを含む手続きの進行に関し、書面等により密室で処理できないように口頭で行うことを原則とする。当然、裁判所が直接取調べた証拠だけを裁判の基礎とする原則）

刑事訴訟法第三〇五条、第四三条一項、第三一五条

当事者主義（検察官と被告人に訴訟進行の主導権を与える原則）

刑事訴訟法第二九八条一項、第二五六条三項、第三〇四条二項・三項、第三二〇条一項、第三〇八条、第三〇九条

私が公判審理で供述した内容は全て斥けられ、無理矢理迎合させられた検察官の作文がほぼ全て採用

された。日本の裁判官は憲法にも刑事訴訟法にも刑事訴訟規則にも全て違反し、ただひたすらに検察官の供述調書に同調している。裁判官は逆立ちして歩いている。

これが日本の司法である。

調書主義や調書崇拝主義は真《ま》っ向《こう》から公判中心主義を否定するものである。引用された法令でも解る通り、調書最優先は何の根拠もなく法令違反である。公判審理は明らかに検察官作文の供述調書に役割を譲っていて、主従が逆転している。結果として作られた「虚偽の事実」を元に判決が下され著しい人権侵害が行われている。一方、訴追側には安易な捜査と取調べを容認し、程度の低い捜査・取調べの横行を許すことになっている。日本は検察にとって天国とも楽園とも言われる所以である[33]。

[29]阿倍雅亮「『鈴木宗男』起訴で迷走。東京地検特捜部の惨憺たる内情！」別冊宝島Real四一『暴走する「検察」』（宝島社、二〇〇三年）一六頁。
[30]米本和広 司会・構成（座談会）「司法修習生は見た！〈検察修習編〉」同右書一三三頁。
[31]司法の現実に驚いた五三期修習生の会編『司法修習生が見た裁判のウラ側』（現代人文社、二〇〇一年）一八〇頁。
[32]山口宏、副島隆彦『裁判のカラクリ』（講談社、二〇〇二年）八四頁。
[33] David T. Johnson. The Japanese Way of Justice. New York: Oxford University Press, 2002. P.21（日本語訳：大久保光也訳『アメリカ人の見た日本の検察制度』〔シュプリンガー・フェアラーク東京、二〇〇四年〕）.

第六章　供述調書のもう一つの問題点

控訴審の判決は言う。

また、山形の給料を引き上げるのであれば、被告人も医師の報酬や給料は手取り額で要求してくるのが一般的であると供述しているのであるから、手取額として二〇万円が増額されるように扱うのか、それとも二〇万円については、それまでの山形に対する給料の支払とは異なり、源泉徴収分を上乗せしないで支払うのかということを決め、経理担当者に対して指示すべきであるのに、そのような指示もされていないこと……。

実はこの内容は問題である。私自身、そんな供述をした記憶がなかった。ことに控訴審の判決文には歪曲、曲解の類の文章が散見されるので、これもその一つかと疑い、改めて供述調書と公判速記録を読み直してみた。すると、平成一二年一一月二五日の供述調書に次のような件《くだり》があった。

私としては、山形教授が要求しているのは、手取りで月一〇万円の謝礼という意味であると理解していました。というのは、私の理解では、医学界では、医者に対する謝礼とか報酬は、手取額で言ってくるというのが一般的であり、古い医学界の実情を知っていてその中で育ってきている人であればあるほど、手取り額としての謝礼というものを考えていると思っていたからでした……。

不正確極まりない一文である。しかし他ならぬ私自身が署名しているのだから、私は検察官の責任にのみ帰するつもりはない。

供述調書は一人称を用いているものの事実は検察官の作文である。だから署名するときは常に戸惑いを感じる。明らかに検察官の希望を書いている場合もあるし、間違いでなくても意図なり趣旨が明らかに違っていたり、意味が強過ぎたり、反対であったり、表現が汚かったり拙かったりする。気持ちにそぐわないことはほぼ全文にわたる。この文も事実と違う表現の一つである。

現在どこの病院でも報酬を決めるのに税込みで話をするのは当然の話である。確かに今から四〇年も前、私が大学を卒業した頃は月額報酬を交渉するのに税抜き（すなわち手取り）でなされることが多かった。しかし現在は普通そういう事情はない。

検察官が作文する供述調書の中で被疑者が自分の主張をどこまで正確に表現できるかは多くの問題がある。調書の作成が検察官と被疑者の「共同作業」である以上、一つ一つの表現に毎回注文をつけていると作業は進まなくなる。被疑者は重要な事柄と末梢な問題を区別し、それぞれの表現について訂正を求めるかどうか、個々に選択しなければならない。大した問題でなければ眼を瞑《つぶ》り、これはと思えば異議を挟む。医者に対する謝礼を手取額で交渉するという検察官の表現は、間違っているが大した問題ではないと判断して捨てておいた部分である。

自白調書が偏重される日本の裁判にはこんな問題もあることを提起したい。この一文のように、間違っているが重要でないと考えて無視した文章が裁判官によって拾われて有罪の根拠とされるのだから、自白調書とは罪深い存在だ。弁護人の立ち会いでもあればチェックされたかもしれない。

こういう問題が数集まれば、わけが分からない間に無罪が有罪となってしまうこともあろう。公判中心主義を謳いながら自白偏重主義が改まらないのは法曹の怠慢であり正義不在の惨状である。調書裁判を脱却する以外にこのような誤謬を避ける方法はない[34]。

[34] 石松竹雄、土屋公献、伊佐千尋編著『えん罪を生む裁判員制度』(現代人文社、二〇〇六年)一二七頁。

第七章　供述調書の横行

「アメリカにおきましては供述書面というものは何等特別な法的な効果を持たないわけでありまして……」。これは日弁連主催第一回国際人権法シンポジウム（一九九一年）での、ロバート・S・ガースタイン弁護士（米国カリフォルニア州）の発言である[35]。

ところが日本ではこうなる。元大阪地検・東京地検特捜部の検察官田中森一氏の記述を拝借する。

物証の少ない経済犯罪で、金にどう色をつけるか。それが調書づくりであり、特捜部の捜査テクニックといえる。被疑者にとっては、供述調書をとられたらアウトだと考えたらいい。調書が命取りになる。捜査において、調書はそれだけ大事なものである[36]。

他ならぬ調書裁判の実体を裏付ける一文である。

日本でも数多い冤罪の主因はいろいろと指摘されているが、中でも「自白供述調書」が断トツの役割を演じている。それは検察官が被疑者に成り代って独白する演技録である。演技内容の実質的責任は検察官と被疑者の共同作業であるからその軽重は様々であるが、少なくとも文責は検察官にあると言ってもいいだろう。

自白調書の問題は古くから議論され、その問題点は明らかにされている。最たるものは人質司法であり、強制・脅迫・誘導・騙し・泣き落とし・捏造等様々な手法がある。人質司法とは生殺与奪に近い権力を与えられ検察が実質的に支配する勾留権・保釈権に物を言わせ、検察の納得する供述調書を作成することである。

「逮捕が証拠に基づくものではなく、逆に証拠をつくるためのものである」と評されるまでになる。世に言う取調べの実体はこの供述調書の作成を言う。不当に永い勾留も問題であるが、これを利用して「精密司法」とも評される詳細な調書を作成する。検察の主要エネルギーはこれに向けられる。そのために出来の良い検察官はこれに当てられ、出来の悪いのは公判担当とされるという話は公判中しばしば聞かされた。とにかく、自白調書というのは検察官の思うままに彼等の誘導で作成され、彼等の都合の悪い内容は調書になって公判には出て来ない。問題は勿論、裁判官がそれを鵜呑みにし自らの判断力を発揮しないことである[37・38]。

田中森一による「供述調書作りのテクニック」の一部を紹介しよう。

　福島医大の事件がまさにそうだった。そのため、無理やりストーリーをつくり、それを調書にした。調書は、早くて一時間に六、七枚、ふつう四、五枚のペースで事務官が書く。だから、一回の事情聴取で最低でも二時間はかかる。そうやって苦労してストーリーを組み立て、それを教授に読んで聞かせても署名できないという。

　「わかった。それならやり直そう」

　そう言って本人の目の前でわざと派手に調書を破り、書き直して持ってくる。それを一〇回くらい繰り返した。すると、教授の態度が少しずつ、変化してきた。

「私が了解しないばっかりにここまで手間をかけて、事務官に申し訳ありません」

こう言い出した。その隙をつく。

「そう思うやろ。書き直しても大して変わらんのやから、もうこのへんでええんと違うか」

結果、落ちた。

「わかりました。本意ではありませんが、あまりにも気の毒ですから」

人のいい被疑者は往々にしてこうなりがちだ。取調べは、検事と被疑者、事務官だけの空間である。するとと、犯人も検事が味方のように思えてくるらしい。それで、つい調書にサインしてしまうのである。

そうやって、被疑者を追い込みながら、調書を取る。そのテクニックに最も優れているのが、東京地検や大阪地検の特捜検事である。換言すれば、ここまでできなければ特捜部には入れない。犯人が否認したままだったら、能なしの烙印を押される。良心が痛むときもあるが、それはほんの一瞬だけだ[39]。


こんなことは、大阪の特捜部では経験したことがなかった。私も手練手管を弄して、自分の描いた筋書きに被疑者を強引に追い込んでいたが、それはあくまで現場の捜査検事の見立てである。それが違うとなれば、いくらでも軌道修正してきた。東京のように尋問もしていない上役の検事が、事実関係について手を入れるなどありえない。こうなると、もはや捜査ではない。よく検事調書は作文だといわれるが、こんなことをやっていたら、そう批判されても仕方ないだろう。冤罪をでっち上げることにもなりかねない。だから、私は東京地検特捜部にいても、このシステムには従わなかった。やはり異端児なのかもしれない。
「いや、私は大阪流でやります。あなたは実際に尋問したわけじゃない。そんな人の言うことなんか聞けるか」
そう突っぱねてきた。気が強いせいもあるが、多少の良心があったからかもしれない[40]。

これらの供述に接しても、事件の多く（九五％）[41]は否認事件でないから、全てを作文とか虚偽とは言わないが、供述調書が如何に直接主義・口頭主義・公判中心主義という近代司法や憲法の理念に背いて、検察官の成果主義の道具として利用されているかを知ることが出来る。その上、如何に真実から程遠い供述調書が作られる可能性があるかを理解できる。

取調べに際して、弁護人の立会いを拒否し、取調べの録音録画を拒否し、不当に永い拘束を許容し、検察官の作文を証拠として崇拝する裁判官の陰にどれだけの犠牲者がいることだろう。公判も大掛かりな茶番劇に過ぎない。馬鹿げたセレモニー[42・43]は何時まで続くのだろうか。勿論、供述調書の横行は公判中心主義を謳う憲法の認めるところではない。日本の司法官は度し難い。

[35] 庭山英雄「はじめに」庭山英雄、西嶋勝彦、寺井一弘編『世界に問われる日本の刑事司法』（現代人文社、一九九七年）IX頁。
[36] 田中森一『反転』（幻冬舎、二〇〇七年）一四七頁。
[37] 伊佐千尋『裁判員制度は刑事裁判を変えるか』（現代人文社、二〇〇六年）一六、一八頁。
[38] 石松竹雄『刑事裁判の空洞化』（勁草書房、一九九三年）四七～四九頁。

〔39〕『反転』(前掲註36書)一五二〜一五三頁。
〔40〕同右一七九頁。
〔41〕日本弁護士連合会刑事弁護センター編『アメリカの刑事弁護制度』(現代人文社、一九九八年)二六頁。
〔42〕生田暉雄「解説」伊佐千尋『島田事件』(新風舎、二〇〇五年)二八三頁。
〔43〕山口宏、副島隆彦『裁判のカラクリ』(講談社、二〇〇二年)二四頁。

第八章　公判中の証人に対する検察の圧力

私は検察官の正義感をずっと信じていた。山賊商法と形容したラジオ放送を聞いた後でも、五〇万円の虚偽の供述調書に署名する羽目になった時ですら、まだ検察官の正義感を信じていたように思う。私の供述を信じて貰えなくとも、彼らは真実を追求しているという思いは消えてなかったと思う。ひょっとしたら担当検察官が彼等の中では良質であったかもしれない。しかし公判に入って検察側の証人として出廷した山形・水沢の二人が初回の証言を翻した時は、検察官の邪《よこしま》な意図を意識し始めた。

山形はなお勾留中であった。水沢は既に述べたように勾留、起訴の危険に曝されていた。彼等は初回の検察に不都合な証言を、二回目の公判の尋問に際してテストを受けさせられて修正している[44]。本来であれば公判では重複尋問は禁止されているはずである。私が勾留中に何度も同じ質問を浴びせられて何度同じことを聞くのかと質問したように、裁判官も「教室に対する寄附は形式で、実は個人口座への入金である」との証言を得る為に何度も同じ尋問をさせている。既に見たように証人は揺れに揺れて曖昧なまで終り、さすがの裁判官も二人の証人が被告人に説明したとは認定できなかった。

本来、重複尋問は禁止されている[45]。裁判官は検察官を制止しなければならない。しかし裁判官はそれをことごとく容認している。それを容認したのは検察官の証人に対する圧力を知っていながら、繰り返し尋問を続けさせた裁判官の有罪主義である。

私は、法体系が当事者主義を採用していることから、少々の検察官の勇み足は仕方ないと思う。

しかし、裁判官は当然その辺りの事情を心得ているはずであるのに、検察官の主張をそのまま受け入れてしまうのは許し難いと思う。

裁判官自身はどう感じているのかわからないが、裁判における裁判官の権力は圧倒的である。法令は全てこれを支持し、是認している。歪んだ裁判や冤罪は警察や検察の責任ではない。勝《すぐ》れて裁判官の責任である。

［44］秋山賢三『裁判官はなぜ誤るのか』（岩波書店、二〇〇二年）一九一頁。

［45］田中森一『反転』（幻冬舎、二〇〇七年）三三五頁。

第九章　挙証責任の逆転

刑事裁判の大原則として、「推定無罪」がある。被告人は検察側によって「合理的な疑いを超えた犯罪の証明」が行われない限り、原則的に無罪として扱われる。

間違ってはいけないのは、証明をする責任（挙証責任）はあくまでも検察側にあり、被告人側に無罪であることの証明が求められることはないということである。

挙証責任は推定無罪を構成する重要な柱になっている。挙証責任について説明しておく。

刑事訴訟法第三三六条（無罪の判決）

被告事件が罪とならないとき、又は被告事件の証明がないときは、判決で無罪の言渡をしなければならない。

刑事裁判においては、有罪判決は合理的な疑いを超えた犯罪の証明を必要とする。裁判官は無罪の証明を被告人に求めてはいけない。

世界人権宣言（一九四八・一二・一〇国連決議）第一一条（無罪の推定、遡及刑の禁止）

1　犯罪の訴追を受けた者は、すべて、自己の弁護のために必要なすべての保障を与えられた公開の裁判において法律に従って有罪の立証があるまでは、無罪と推定される権利を有する。

国際人権（自由権）規約（一九六六・一二・一六）第一四条（公正な裁判を受ける権利）

2　刑事上の罪に問われているすべての者は、法律に基づいて有罪とされるまでは、無罪と推定される権利を有する。

一審判決文に言う。

前記の形式面を除いて、当該振込先が山形個人ではなく、救急医学教室及び救急科に対応する医局であったと明確に認識していたと窺われる客観的事情が認められないこと。

言うまでもなく、日本も他の近代国家と同じように書面社会である。出生届、入学願書、婚姻届、売買契約等全て、書類を交わし、これを確実なものとして行動しているわけである。もっともその偽造もあるだろう。しかし偽造の証明なり裏付けがなければ真実として考えるべきだろう。一審判決文のいう「客観的事情」は何を期待しているのか。「前記の形式面を除いて」というが、こちらの書いた申請書を形式と片づけられたらたまったものではない。これは暴言だろう。また被告人に客観的事情の挙証を期待するのも本末転倒である。推定無罪、検察の挙証責任を今さら疑う者はいないはずである。知らないのは官僚裁判官のみか。

第一〇章　「共犯者」の証言の証拠能力

第二事例の山形教授への五〇万円について、私は多くの先生方に年末の歳暮として配るように指示したと言い、水沢は山形一人に渡すのを私が了解したのだと証言した。

私が医療界の事情、東朋香芝病院を巡る事情を説明して五〇万円を特別に一人の教授に持って行く状況にないことを説明しても、裁判官はそれを斥け、「共謀共犯」の片方の証言を採用している。

第一事例（振込み）に関する水沢の公判での変転は目まぐるしい。裁判官も検察官も弁護人も、水沢の認識と証言を信頼することはできなかった。

然るに、五〇万円の歳暮に関しては共謀者という危険な立場まで無視して「一貫しているから」という理由で判決文は水沢の証言を採用している。

被告はどうだろう。供述書は検察官の作文であるから別として、公判において一貫性がなかっただろうか。判決はあまりにも恣意に溺れている。

事件の共謀共犯者と認定している証人を、その罪を免責してその証言で被告人を有罪とすることは、日本の司法では認められていない。官僚裁判官には検察と証言者の見え見えの司法取引が解らないのだろうか。

世に「奈良医大事件」として報道されたこの事件は、三人の教授・元教授と、民間病院側も三人の理事長・院長が起訴された。さらに、これに伴って奈良県職員五〇名が処分された。

私の共犯者として名指しされた水沢は、元教授山形幸治とともに大阪市内山崎病院での資金提供に関わり、さらに東朋香芝病院に転勤した後も一連の起訴事実（第一事例、第二事例）を主導した張本人である。山形と水沢の供述調書によれば、山崎病院は医師派遣の謝礼として平成一〇年一月から月一〇万円を支払うように持ちかけられ、山崎広助院長の了解の後、支払いを始めた。水沢はこのお金が教授個人が使える金として理解していた。

そこで水沢が山形に「山崎病院の経理処理の関係で、山形教授個人の口座に支払うわけにはいかないので、救急医学教室の医局への寄附という形を取りたいのですが、何か適当な口座はありますか」と聞いたところ、山形は南都銀行「救急医学講座代表山形幸治」口座を振込み先に指定した。そして「山崎病院の経理処理上、救急医学講座への寄附という形をとるために、その旨の書類を整えておきたいのですが、何か参考にできる書類はないでしょうか」と尋ねると、山形は一枚の書面を渡してくれたので、水沢はこれを元に「寄附金申込書」「研究助成寄附金の受け入れについて」を作成し、院内用の書類とした。

水沢は同じ方法を東朋香芝病院に持ち込んできた。ただし今度は本物の「研究費等寄附金承認申請書」で、宛先は奈良医大学長になっていた。

既に述べたように山形も水沢も、私に山形個人に支払うものであるという説明をしたとも了解を得たとも言っていない。これは供述調書でも公判でも同じである。せいぜい私が解っていたと思うという証言があるに過ぎない。全ての供与は水沢の主導で始まり、それを実行しているのも彼である。

供述調書によれば、水沢は山形に対し、年末の挨拶に通常の歳暮以外に何らかの挨拶を受け取ったかと尋ねている。五〇万円供与の彼の発想と行動の起点はここにあると考えなければならない。水沢はその時、

「石田理事長と年末のご挨拶をさせていただこうと思っている」と説明しながら尋ねている。水沢は私が山形と接触の機会がないことや、私が直接山形に水沢を抜きに接触することがないことも十分知っている。にもかかわらず、供述調書ではこのように供述させられている。もちろん私はそのような「ご挨拶」について水沢と相談したことはない。

山形が歳暮以外のものをもらっていないと答えると、水沢は五〇万円ぐらいもらえるように言ってみましょうかと問うている。山形はその時「それで構わない」と答えたものの、石田理事長はお金に細かく締り屋であるからそのまま出すのはどうか懸念を持っていた旨述べている。このように、ここでも水沢が全てを主導している。

私は水沢の行為を弾劾するつもりで言っているのではない。もし検察の主張や判決の通り私の行為が違法であるにしても、それでは水沢は私と同様、またはそれ以上に立派な正犯または共同正犯ではないか。佐賀元明検察官の起訴状（二〇〇〇〔平成一二〕年一二月二〇日）でも水沢昭市と共謀の上とし、判決でも水沢との共謀を指摘している。事実、金銭の受け渡しは振込みを除いて全て水沢が実行している。共犯者の証言の証拠能力については、欧米でもその証言だけでは有罪とはされず補強証拠を必要とするのが原則である。まして水沢は起訴もされず、その証言だけが利用されている。もちろん現場を見たわけではないが、状況を考えればこれは検察と水沢の見え見えの司法取引である。彼の証言には証拠能力はないはずである。私は水沢を不起訴にして彼の証言だけを取り上げた検察官に同調し、私の主張を斥ける裁判官を責めているのである。

水沢は勾留されなかったが、四六回検察庁に呼び出されたと公判で証言している。これは私以上の回数である。取調べ回数と有罪の度合いが相関するものでもないだろうが、第二事例「五〇万円の歳暮」に関して事実上の証人は水沢ただ一人である。

共犯者の証言については、従来よりその証拠能力について議論の多いところである。しかし日本の法律に明白な準則はない。つまり危険極まりない自由心証主義に委ねられたままである。

英米法では、共犯者の公判廷における供述についても一般に、何らかの重要な点において被告人を犯罪に結びつける補強証拠ないし、いわゆる「共犯者の警告 accomplice warning」を不可欠としていた。「共犯者の警告」とは、公判裁判官が陪審に与える「共犯者の証言のみで被告人有罪の答申をすることは危険である」旨の説示である[46・47・48・49]。

私は法律以前の常識の問題であると考える。

[46] 小早川義則『共犯者の自白』(成文堂、一九九〇年)二九、四七頁。
[47] 下村幸雄『共犯者の自白』(日本評論社、一九九六年)四四六頁。
[48] 上田誠吉、後藤昌次郎『誤まった裁判』(岩波書店、一九六〇年)二〇四～二一一頁。
[49] 青木英五郎『逃げる裁判官』(社会思想社、一九七九年)七七頁。

第一一章　裁判長の交替

二〇〇二(平成一四)年四月二四日、被告人尋問が始まったが、困ったことに裁判長が替わってしまった。公判日に職員ともども京阪電車を降りて裁判所に向かう途中出会った時に挨拶するぐらいで特に親しみを感じたわけではないが、下川憲造(仮名)という裁判長は、自ら証人尋問にも加わり、被告人のためというよりともかく真実追究には真摯な人だという印象を、傍聴する職員は持っていたようだ。したがって皆一種の不安を持って新たな裁判官を迎えた。裁判長尋問は本来常道ではないのでそれを問題にするわけではないが、結果だけを考えれば実に残念な思いがする。

免田事件で関与した裁判官は六七人、そのうち五六人が有罪指示ないし有罪の黙認をしたという数字が紹介されている。これは八三・六%が有罪主義者というヒラメに当たると思われる(ヒラメは目が上についていることから、出世のために最高裁など上ばかりを気にして判決を書く裁判官のことをこう言う)[50・51・52・53]。免田事件は三四年間、その他の死刑冤罪事件も、財田川事件で三四年間、松山事件では二九年間、赤堀事件三四年間、それぞれ逮捕されてから最終的に無罪が決定するまでに要した期間である。これらは再審・却下・上訴を反復していて、それぞれおよそ三〇年以上の年月をかけているから、担当した裁判官の数字もヒラメの数も似たようなものだと推定できる。否認事件を闘った被告人にとって二〇%にも満たない裁判官に当たるかどうかは極めて重要な問題である。私の裁判の前任者は数少ないまともな裁判長でなかったかと残念に思う次第である。

裁判にあって裁判官の交替は由々しき問題である。刑事訴訟法は例外的にこれを認めてはいるが、本来立法の精神に背く重要問題であり、それなりの説明が必要であろう。

日本も含めて近代司法は「直接主義」「口頭主義」を掲げている。当事者が法廷の場で口頭で弁論し、これに直接関与した裁判官だけが判決を下すことができるという原則である。その裁判官を裁判所の都合で勝手に変えられては、高尚な原則も台なしである。例外的に認められるに過ぎないはずの裁判長の交代による裁判の更新手続を、法廷の書記官が書き換えで済ましてしまうのは許されることではないと思う(原則的には新しい裁判官の前でそれまでの裁判官の前で話したことを繰り返すべきである)。

長沼ナイキ基地反対訴訟以来露骨な干渉はなくなったが、なお最高裁による有罪主義の統制は続いているとされている。裁判官の有罪主義は別に述べるがその中にあって無罪判決を書きそうな裁判長をヒラメ裁判官に交替させて有罪判決に持っていくことは有効な方法だろう。法に疎かった私は弁護人の「四月は転勤時期ですから仕方がないのです」という慰めに納得したのだが、私は裁判の追行や学習のために裁判所に通ううちに、前任者は転勤ではなく大阪地方裁判所に留まっていることを知った。私は私の裁判の裁判長の交替は所長の意図だと考えている。

[50]西川伸一『日本司法の逆説』(五月書房、二〇〇五年)一〇三頁。
[51]山口宏『司法腐敗』(PHP研究所、一九九九年)五九頁。
[52]門田隆将『裁判官が日本を滅ぼす』(新潮社、二〇〇三年)二七八頁。
[53]下村幸雄『刑事司法を考える』(勁草書房、一九九二年)一九頁。

第四部　日本司法の惨状——二大要因

第一章　デュープロセス（適正手続）からの逸脱

逮捕されてから、私は数々の不当な取り扱いを受けた。これによって、一つの「罪」（冤罪）が生まれた。

一　勾留

逮捕状を示した検察官は「疑い」については示したが、「罪を犯したことを疑うに足りる相当な理由」は説明しなかった。逮捕の必要性も説明されていない。勾留についても同様である、勾留とは逮捕（二一～三日間）に引き続く、さらに長期の身体拘束であるが、逮捕時と同様「罪を犯したことを疑うに足りる相当な理由」についての説明はなかった。

勾留するかどうかを決定するために私に面接し勾留質問した裁判官坂本浩志は、二言三言を交わした後、私が被疑事実を否定したというだけで勾留決定を宣言した。拘置所から裁判所への大がかりな移送劇とは対照的な、あまりに呆気ない人を馬鹿にした儀式だった[54・55・56・57]。

しかし欧米ではこれは非常に重要な手続きのはずである。日本の裁判官はこのように自らの重要な職務の一つである人権保障という使命を放擲してしまっている。彼等には誇りや使命感がないのだろうか。勾留状には疑いのみが書かれている。その根拠を示すことなく逮捕状や勾留状を要請する検察官に、裁判官が唯唯諾諾と従っている事実が解る。

以前より逮捕状却下率はほとんどゼロであったが、勾留や保釈についても次の通りである。しかも近年益々この傾向は強くなっている。

勾留請求に対する却下率[58]

一九六八（昭和四三）年	四・五七％
一九六九（昭和四四）年	五・〇〇％
一九七〇（昭和四五）年	三・七六％
一九七五（昭和五〇）年	一・六〇％
二〇〇五（平成一七）年	〇・七五％（地方裁判所）
	〇・一五％（簡易裁判所）

保釈率（第一審判決前）[59]

一九七〇（昭和四五）年	五五・八％
二〇〇五（平成一七）年	一三・四％

二　弁護人の立会い

日本では、全ての被疑者は弁護人の立会いなしに取調べを受けなければならない。ただ一つの例外は米兵を取調べる場合である。これは日米地位協定による政府の屈辱的な妥協であるが、これが日本国民にも適用される突破口になれば有難い話ではある。

現在世界を見渡して、取調べ中の録音録画を認めていない国は少数ながら存在する。ドイツ、日本、韓国等。しかし弁護人の立会いを認めていない国は、少なくとも先進国では日本以外にない。イギリス、アメリカ、フランス、ドイツ、イタリア、オーストラリア、台湾、韓国……いずれも認められている。

取調官は専門の職業人である。専門知識も豊富で法律用語もよく知っているし、公判のやり方や果ては裁判官の傾向や弱点までも知っている。対して被疑者の多くにとって逮捕に始まる取調べは初めての経験である。当事者対等主義の建前はよいとして、これではとても公平公正な裁判が進行するとは考えられない。

一市民の自由を拘束するというとてつもない権限を行使するにあたっては、当然それ相当の理由がなければならない。私は今でも無罪を主張しているので（疑いは勝手であるから仕方がないが）、理由もなく勾留決定されたと信じている。

面接を行った若い裁判官はひどかった。私が検察官の疑いを否定しただけで彼は、多くの裁判官がしているように勾留決定をした。

市民にとっての身体拘束がどれほど重いものであるか裁判官は理解できていない。令状裁判官坂本浩志のみの責任とは思わない。

この勾留質問のための面接は欧米でも、少なくともアメリカでは予備審問といって重要な司法上の関門である。残念ながら日本のそれは、欧米のやり方を真似た形だけの儀式であった。

三　黙秘権

勾留中のことである。既に述べたことだが供述調書を作る際、検察官が自分達の主張をあまりにも強引に押し付けてくるのに困り果てて、「私には黙秘権があるのか?」という質問をしたことがある。検察官が間を置いて、黙秘権はあるが、その場合は取調べに非協力になるから取調べがいくらでも延長される、と答えた。別件逮捕、犯罪の細分化、逃亡の恐れ、証拠隠滅等の口実……。

私は担当の検察官を弾劾するつもりはない。要するに、日本では黙秘権というようなものは理解もされていないし、尊重もされていないのだ。

憲法第三八条(不利益な供述の強要禁止)

一　何人も、自己に不利益な供述を強要されない。

刑事訴訟法第三一一条（被告人の黙秘権・供述拒否権）

一　被告人は、終始沈黙し、又は個々の質問に対し、供述を拒むことができる。

憲法と刑事訴訟法のこの条文は堂々たるもので、世界のどこに出しても恥ずかしくない[60]。

アメリカでは、ミランダルール[61]という基準が確立している。被疑者に対して最初に自己負罪拒否特権（黙秘権）および弁護人依頼権があるということを知らせておかなければ、被疑者の身体拘束の下での取調べによって得られた証拠は公判廷で使えないというルールである。

青木英五郎氏はその著書『日本の刑事裁判』の中で、英米証拠法の権威といわれたウィグモアーの次のような警告を引用されている。

起訴のために習慣的に、証拠の根拠として強制的な自己開示（筆者註：自白）にたよることを承認する手続きは、それによってかならず道徳的な腐敗を生ぜしめることとなる。自白にたよることは、自白を尊重させる傾向を生ぜしめ、他の証拠の不十分な調査をもって満足させる結果となる。答を引き出そうとする権限の行使は、その権限の正当な限界を忘れさせる。はじめは単純で、おだやかな取調べが、やがては脅迫的な取調べに、さらには物理的な力の使用による取調べに、そして最後には拷問による取調べにいたらしめるのである。答えさせる権利があるということは、すなわち有罪の自白をさせる権利がある、ということである。それによって、法律的に認められる権利の行使が、違法な権利の行使に転化する。このことは、終局的には、この悪しき手続きの乱用によって、無実のものを有罪の危険にさらさせる結果を招来する。自己負罪の免責特権が認められない法律制度とは、このようなものであることを、経験が教えているのである[62]。

残念ながら日本では、「自白は証拠の王様」等といった戯言《ざれごと》を恥ずかし気もなく吹聴する人が、碩学といわれる人達や法曹界の大物の中にも沢山いる。彼我の隔絶を知っていただきたい。日本の司法には人類が生み出した数々の法諺・原則・言葉が受容されているかのようであるが、その真意や本質は理解されておらず、未消化があまりにも多い。原則を受け継ぐ憲法や刑事訴訟法が謳うのは「自白は他に有力な有罪の証拠が存在するときにのみ、その補強証拠として有罪認定に用いられうる」ということである。しかし実際には「自白さえ奪えば他に大した証拠が無くても有罪とすることができた」などということが横行している。これでは裁判員制度ができても冤罪は決して減ることはなく、むしろ悪質に覆い隠されていくだろう[63]。

日本の検察官は自分達の描いた推測を押しつけるだけで被疑者の主張を聞く能力はないし、聞いても冷静に分析することができない。その権限も与えられていないし、その必要もない。もちろん、被疑者は検察官の押しつけを拒絶することはできるだろう。しかしその代償は大きい。勾留延長である。しかも保釈制度は正常に機能していない。立件後ですら保釈に検察官の同意が実質的に必要であることは、審理を真実追及から大きく反らし、人権を蔑《ないがし》ろにする制度としか言いようがない（法的には立件後は裁判官に保釈権があるが、検察官の同意なしに保釈を敢行する裁判官はいないのが現実である）。良心的と自認する司法関係者に聞きたい。

裁判官にせよ、検察官にせよ、弁護士にも聞きたい。君たちは憲法からも法律からも逸脱しているではないか。反論があれば聞かせてほしい。

四　保釈

多くの市民は自分の健康と日々の就労によって生活を維持している。それを突然、官僚によって就労権を簒奪されたらどうなるだろう。私の場合は日帰りのつもりが四二日になった。逮捕勾留四二日目（平成一二年　二月二〇日）の機会を逃したら次の機会は遅ければ来年の春だろうという弁護人の言葉を聞き、私は妥協せざるを得なかった。追起訴、別件、被疑事実の細分化によって勾留（保釈の停止）が半永久的に可能である日本では、実際には勾留中起訴されるまで保釈権は裁判官にすらない。起訴後でも実質的に検察官の同意がなければ裁判官も被疑者を保釈させられないのだ。ここに被疑者が虚偽の供述書に署名しなければならない構造的な欠陥があるが、裁判官はあえてこれを無視しているのが現状である。私は蒙る損傷の度合を比較・勘案・推測して検察官の作文に署名しなければならなかった。

五　公判中心主義の形骸化

事件の審理は公判で行われるというのが近代刑事訴訟の原則である。これを支える重要な規定が憲法と刑事訴訟法に明記された公開主義、口頭主義、直接主義であるが、既に述べたように検察官作文の供述調書と矛盾する私の公判での供述は全て斥けられた。公開主義に違反しているとは言えないが、私の公判での供述を否定し、供述調書の内容をことごとく採用されたのでは口頭主義も直接主義も台なしである。これは公判中心主義ではなく調書中心主義としか言いようがない。裁判の実権は検察官にあり裁判官は報告受取人に過ぎない。二〇〇一（平成一三）年二月二六日に始まり二〇〇六（平成一八）年一月二三日に終わった私の裁判は検察官調書の聞き取りに過ぎなかった〔64・65・66〕。

数多く喋らせてもらった私の言葉は、何一つ裁判官の耳には届かなかった。

検察官調書の足りないところは裁判官の「つまみ食い」「歪曲」「錯簡」等の手法で補強されていた。

日本の戦後の司法は、多くの民主主義国家と同様、「当事者主義」を採っている。これは審理の対象と立証を当事者である被告人と検察官に委ねる方式である。刑訴法学者・田宮裕はこれを裁判所を中心に挟み検察と被告人が対立する訴訟の三面構造と説明している〔67・68〕。

このため、一方の当事者である検察には巨大な国家権力を背景にした捜査権が与えられ、他方の当事者である被告人には適正手続を中心とした数々の人権保護のための防禦権があり、憲法においても刑事訴訟法においても明文化されている。そしてこれによって公正な裁判が行われることになっている。

しかし実際の司法の現場では、適正手続を中心とした被告の権利保護は「赤信号みんなで渡れば恐くない」式に裁判官、検察官によって堂々と無視されている。憲法をはじめとする法令違反が横行し、形だけは守られている法令であっても、例外規定の乱用でその精神は歪められ踏み躙られている。

私が遭遇し踏み躙られた適正手続の主なものについては既に述べたが、憂慮すべき問題点はまだまだ多い。現実は、被告人の権利が蔑ろにされているばかりでなく、審理も判決も真実から遠のいて著しく検察側に逸れている。その最も著しい例は死刑冤罪事件である。

正義と真実を、司法の場に取り戻さなくてはならない。

[54]石松竹雄『刑事司法の空洞化』(勁草書房、一九九三年)一一頁。
[55]青木英五郎『日本の刑事裁判』(岩波書店、一九七九年)八四頁。
[56]伊佐千尋『司法の犯罪』(新風舎、二〇〇六年)一九〜二二頁。
[57]司法の現実に驚いた五三期修習生の会編『司法修習生が見た裁判のウラ側』(現代人文社、二〇〇一年)九二頁。
[58]石松竹雄、土屋公献、伊佐千尋編著『えん罪を生む裁判員制度』(現代人文社、二〇〇七年)一〇二頁。
[59]同右。
[60]Karel van Wolferen. The Enigma of Japanese Power. London: Papermac, 1988. P.278.
[61]ロランド・V・デル=カーメン/佐伯千仭監修/樺島正法、鼎博之訳『アメリカ刑事手続法概説』(第一法規出版、一九九七年)三二三頁。
[62]青木『日本の刑事裁判』(前掲註55書)五二〜五三頁。
[63]沢登佳人『刑事陪審と近代証拠法』(新潟陪審友の会、二〇〇一年)三六頁。
[64]The Enigma of Japanese Power(前掲註60書)P.289.

[65]山口宏、副島隆彦『裁判のカラクリ』(講談社、二〇〇二年)一八九頁。
[66]『えん罪を生む裁判員制度』(前掲註58書)一一七頁。
[67]田宮裕『刑事訴訟法〔新版〕』(有斐閣、一九九二年)二三八頁。
[68]魚住昭、斎藤貴男『いったい、この国はどうなってしまったのか!』(NHK出版、二〇〇三年)五四頁。

第二章　裁判官の有罪主義

前章で見たように、法令があっても適正手続の多くは無視され実質的には対等主義が崩壊している。日本の刑事裁判はその土台が崩壊している。

圧倒的に検察に有利な取調べや司法手続きを経ても、無罪判決しかないだろうと思われる事件は沢山ある。しかしやはり有罪率は九九・九％である。そこに裁判官の有罪主義が立ちはだかるからである。前項で指摘した適正手続の逸脱は眼に見える司法構造の崩壊であるが、裁判官の有罪主義は眼に見えない最も難儀な心の問題である。憲法にも刑事訴訟法にも「推定無罪」「自由心証主義」が謳われ本来ならば裁判官の「有罪主義」が幅を利かせる余地はないはずであるが、「適正手続」と同じようにこれもまた建前だけが無残な骸を晒している状態である。

ここに有罪主義が窺われる体験的裁判官供述を覗いてみよう。いずれもかつて名裁判官として評価を受けた人達の言葉である。

問題になっている事件の判決を読んでみても、裁判官がどうして有罪に踏み切ったのかがよく分らない場合がある。事件記録を読む前に判決を読んだだけでも、次々と問題点が出てくるのに、それらの疑問が判決の中で合理的に解明されないままに有罪判決になっているのである。裁判官が大変な苦労をして、言い訳がましく無理矢理、有罪判決を書いている印象すら受ける判決が結構ある。

日本の裁判官は、どうして、率直に「合理的な疑いを超える程度の証明がない」として無罪判決を書くことをしないのか、疑問になる判決がいくつもある。有罪にしないと裁判官が人事上不利に扱われることがあるのではないか、と思われるほどである。我が国では、「疑わしきは罰せず」が実践できているとはとうてい考えられない。このことが我が国における最大の誤判原因になっていると思われる（秋山賢三）[69]。

そもそも、このような点で検察官に不利益な決定をすることは、一般的にいって、裁判官にかなりの勇気を必要とすることであります。いやしくも国家機関である警察官や検察官が違法な行為をしたとか、その疑いがあると認定することは、同じ国家機関である裁判官にとって、重荷でない筈はありません。しかしながら、捜査機関の違法行為は、裁判所が指摘しなければ他にこれを明らかにする者はありません。私は、そのような意味で、捜査機関の違法を指摘するのは裁判所の最も重要は責務の一つであると信じていましたから、どんなに苦しくてもこの問題から逃げることは絶対にしませんでした。しかし、私の場合でも、このようなプレッシャーから逃げてしまいたい、つまり問題を曖昧にしてごまかしてしまいたいという誘惑に駆られたことが一度もなかったといえば嘘になります（木谷明）[70]。

裁判官というのはどうしても先に結論が頭にあって、その結論に持っていくにはどうしたらいいかという発想になってしまいます。しかしその結論を国が指示してくれるのですから実は楽なものです……（安倍晴彦）[71]。

アリバイは、被告人が無実であることのもっとも強力な証拠である。犯行の行われた時刻に、犯行は不能に帰するからである。しかし、警察がアリバイのたつ被告人を無理に事件に結びつけるために、犯行の行われた時刻そのものを変えてしまって変更された犯行時刻に合わせた自白をさせるならば、この自白の虚偽を証明することは一層困難な仕事である。この場合、事実の犯行時刻を示す現場関係の証拠は、かえってむしろ虚偽の自白が如何にも真実であるかのように思わせる証拠に転化させられているからである。

そしてもう一つの困難な事情は、このような警察の手のこんだからくりを裁判官は容易に認めようとしないからである。裁判官は権力の行った不正に弱い（上田誠吉・後藤昌次郎）[72]。

ところで、短時日による自白という前提から出発して、具体的な取調べの諸条件を捨象して自白の任意性、真実性を判断することが、論理的にいかに不合理であり、馬鹿げているかは、読者にもよくわかるはずであるが、それが裁判官にはわからないにはなぜであろうか。その原因を一言でいえばどうしても被告を有罪にしたいという裁判官の処罰欲にあるものといえるであろう――むろん、本人には意識されていないであろうが（青木英五郎）[73]。

天皇の統治から国民の統治に代わっても、戦前の裁判官の遺産は引きつがれているのであろう。

拷問を認めることは、裁判官にとってはタブーとされているのである。裁判官が、この「聖域」に足を踏みいれないで、しかも良心の呵責を感じることなく済ませるために、証拠の評価に関する裁判官の自由心証主義（刑事訴訟法三一八条「証拠の証明力は、裁判官の自由な判断に委ねる。」）がある。これによって裁判官は、自分が見たくない証拠は見ないで済ませる自由を、また自分が聞きたくない供述は聞かないで済ませる自由を行使すればよいのである。検察官側の主張しか聞くことができず、また検察官側の証拠しか見ることのできない裁判官について、かつてある裁判官は、「検察官恐怖症」という病名をつけたことがある。違法な捜査を徹底的に追及し、それを厳しく批判するという精神が裁判官に欠けているかぎり、冤罪事件の発生は防止することができないのである（青木英五郎）[74]。

広津（和郎）氏が指摘している「普通の人間には考えられないような異常さを異常とは感じない」という裁判官の心理が、裁判を誤らせる原因となるのである。それは、この事件についてだけではなく、広津氏が裁判批判に取り組んだ松川事件、青梅事件についてもいえるのであり、さらに、それを一般化して、たとえ程度の差はあっても、すべての冤罪事件に当てはまることである。広津氏は、「われわれ国民の常識では納得できない」という言葉を、裁判批判についてしばしば用いている。それは、裁判官の考え方が異常だからである（青木英五郎）[75]。

ところで、私の奈良医大事件であるが、これまで述べたような問題——なぜ裁判官はつまみ喰いをするのか。なぜ認定方法を誤るのか。なぜ論理矛盾を犯すのか、なぜ捏造まがいの歪曲をするのか——、その答えは裁判官の有罪主義にある。彼等は検察の期待に忠誠を尽くし、有罪を願望し、ひたすら有罪判決を書く。それ以外にこれらの問題点を理解する鍵を見出し得ない。

多くの解説書の説くところでは、行政組織化した最高裁事務総局は任地と昇給と昇任（裁判長に指名されること）で地方裁判所の裁判官を統制していると言われる。そして「司法の権威と官僚の特権を守る」ことに逆行する裁判官――無罪判決を出す裁判官や作業能率の低い裁判官、例えば現場検証をするような裁判官――は大いに「統制」を受けることになる。

サラリーマンにとって任地と昇給、昇任は切ない問題である。とりわけ都会と過疎地、就任二〇年を経て極端に差のつく三号俸昇給問題、裁判長に指名されるかどうかの問題はサラリーマン判事にとって大きいに違いない［76・77・78］。

しかし医師が金や地位のために手術に手を加えたり診断書の書き方を変えたらどうなるだろう、医師には極く稀な犯罪者を除いてそのような仕儀に及ぶ者はいない。やるべきことをやるべきようにやることが、医師としての、人としての矜持である。まして医師は人の命を預かっている。

裁判官も同様のはずである。彼らは場合によっては医師よりも重いものを取り扱う。その裁判官が司法の場で妻の欲望を満たしたり、子供の教育のためにあるいは自らの出世のために無辜の人を有罪にすることなどあってはならないと思う。それはとんでもない犯罪である。彼らの堕落は目に余る。

それでは司法権力の中枢はなぜ有罪主義で統制するのか。

我々一般の市民からすれば、公正な正義の裁判こそが司法への信頼とその権威を維持する最も確かな方策であると考えるが、司法権力はそうは考えていない。有罪判決こそが司法の権力を誇示し、その信頼を高める要と考えているようである。権力を握った者に特有の感覚としか言いようがない。だからこそ彼等は有罪率九九・九％を誇る。そして私達はこの数字を日本司法の惨状を示す世界に恥ずべき数字だと考えている。

[69]秋山賢三『裁判官はなぜ誤るのか』(岩波書店、二〇〇二年)六八、六九頁。
[70]木谷明『刑事裁判の心』(法律文化社、二〇〇四年)三〇頁。
[71]門田隆将『裁判官が日本を滅ぼす』(新潮社、二〇〇三年)二七八頁。
[72]上田誠吉、後藤昌次郎『誤まった裁判』(岩波書店、一九六〇年)一一三頁。
[73]青木英五郎『日本の刑事裁判』(岩波書店、一九七九年)一二〇頁。
[74]同右二一～二二頁。
[75]同右一八四頁。
[76]西川伸一『日本司法の逆説』(五月書房、二〇〇五年)一七八～二一八頁。
[77]本多勝一、生田暉雄(対談)「日本の裁判はこんなことになってしまった」本多勝一『貧困なる精神〈O集〉』「裁判官という情ない職業」(朝日新聞社、二〇〇一年)九六～一二一頁。
[78]渡辺洋三、江藤价泰、小田中聰樹『日本の裁判』(岩波書店、一九九五年)一九四～一九七頁。

第五部　判決文

判例評釈・判決文

本件の判例評釈としては、以下のものがある。

・中森喜彦「医局医師の派遣行為につき賄賂罪における職務関連性が認められた事例」ジュリスト臨時増刊・平成18年度重要判例解説（二〇〇七年）一七六頁。
・松宮孝明「医員派遣に関する汚職」別冊ジュリスト・医事法判例百選（二〇〇六年）二八頁。
・北野通世「刑事裁判例批評（三〇）」刑事法ジャーナル六号（二〇〇七年）七五頁。

本件の最高裁決定文は、以下に収録されている。

・刑集六〇巻一号六七頁。
・判例時報一九二二号一六八頁。

以下に収録するにあたり、固有名詞のなかには、本文同様に仮名としたものがある。

一審判決

平成14年9月30日宣告　裁判所書記官　辰巳晃
平成12年(わ)第6670号、第7258号

判　決

本籍　(略)
住居　(略)
医師　石田文之祐
昭和15年7月3日生

上記の者に対する贈賄被告事件について、当裁判所は、検察官中野彰博並びに弁護人野村公平(主任)、同後藤貞人、同中村留美及び同谷川雅一出席の上審理し、次のとおり判決する。

主　文

被告人を懲役1年6月に処する。
この裁判確定の日から3年間その刑の執行を猶予する。
訴訟費用は被告人の負担とする。

理　由

【罪となるべき事実】　(略／起訴状にほぼ同じ)
【証拠の標目】　(略)
【事実認定の補足説明】
第1　職務関連性の有無について　(略)
第2　賄賂性の有無及び被告人の賄賂性の認識について
1　弁護人の主張
弁護人は、判示第1のうち、被告人が「救急医学講座代表山形幸治」名義の普通預金口座に振り込んだ月々10万円ないし20万円の金銭については(別表番号1ないし24参照)、山形個人に対し、支払ったものではなく、救急医学教室及び救急科に対応する医局に宛てて、当該医局に対する寄附として支払ったものであり、被告人には、当該金銭を山形個人が受領するとの認識はなかった旨、被告人が山形幸治名義の普通預金口座に振り込んだ月々20万円の金銭については(別表番号25ないし28参照)、それまで「救急医学講座代表山形幸治」名義の普通預金口座に振り込まれていた救急医学教室及び救急科に対応する

医局への寄附の中止と、山形の診療に対する給料の増額を意味するのであって、医師派遣の謝礼を山形個人に支払うために、山形の個人名義の普通預金口座に振り込んだものではない旨、さらに、判示第2の事実について、被告人は、十数人の奈良医大の関係者に対する年末のあいさつとしての50万円及び十数人の奈良医大の関係者以外の県庁関係者等に対する年末のあいさつとしての20万円の合計70万円を水沢昭市（以下「水沢」という。）に託したところ、水沢が、被告人の意思に反して、そのうちの現金50万円を山形に渡してしまった旨それぞれ主張して、要するに、上記金銭はいずれも賄賂にあたらず、また、被告人には賄賂性の認識がない旨主張し、被告人も公判段階においてこれに沿う供述をするので、以下、検討することとする。

2　この点に関し、前掲関係各証拠から明らかに認められる事実は以下のとおりである。

（1）　被告人は、大阪府下で医療法人気象会東朋病院等の病院を経営していたものであるが、奈良県香芝市で新しくより大規模な病院を経営したいと考え、平成8年11月ころに奈良県香芝市所在の香芝中央病院を購入し、それを改修して平成9年4月に医療法人気象会東朋香芝病院（以下「東朋香芝病院」という。）を開設することとした。被告人は、新しい病院の開設に伴って医師を確保する必要があったところ、地域に密着した病院にするという自らの経営方針に加え、奈良県で病院を開設する以上、奈良県唯一の県立の医科大学である奈良医大との関係を有し、協力態勢を形成しておくべきだとする奈良県側の要請などから、是非とも奈良医大から医師の派遣を受けたいと考え、自ら奈良医大の各医局と交渉し医師を派遣してもらおうとしたが成功しなかった。そこで、知人から奈良医大との人脈を有する人物として水沢を紹介してもらい、平成9年2月ころ、水沢に会いに行き、水沢に対し、奈良医大の医局から東朋香芝病院へ医師の派遣を受けられるように奈良医大の医局へ働き掛けることを依頼した。なお、水沢は、被告人側から報酬を受けて、東朋香芝病院と奈良医大の医局との関係を形成、維持する役割を担い、平成10年11月ころから平成11年10月ころまでの間は東朋香芝病院の職員として稼動し、その後、東朋香芝病院を辞職した。

（2）　平成9年2月ころ、被告人は、水沢から当時救急医学教室教授兼救急科部長であった山形を紹介されて、水沢と共に山形に会いに行き、山形に対し、救急医学教室及び救急科に対応する医局から医師を派遣してくれるように依頼した。

（3） 東朋香芝病院は、予定どおり、同年4月、病床数60床で開院され、同年11月には病床154床に増床されるなどした。

被告人は、医師の確保がまだ不十分であると考え、とりわけ奈良医大の医局からの医師の派遣を切望し、自ら又は水沢を通じて、山形に対し、医師の派遣を依頼するとともに、山形に対し、ゴルフ等の接待をするなどして山形と良好な関係を形成していった。

（4） 同年8月、救急医学教室及び救急科に対応する医局側の主たるメンバーと東朋香芝病院側の主たるメンバーとの顔合わせ等のため、両者が、被告人側の費用負担により、橿原市所在の焼肉店で飲食し、その際、被告人や水沢から、山形に対し、更に医師の派遣を依頼するなどした。

（5） 同年9月、被告人は、水沢の提案に従い、水沢と共に山形に会いに行き、山形に対し、医師の派遣を依頼するとともに、約20万円相当の商品券の入った菓子折1袋を手渡し、さらに、そのころ、山形の紹介で、奈良医大第三内科学教室教授兼附属病院第三内科部長であった川島康忠（以下「川島」という。）と会う機会を得て、水沢と共に川島に会いに行き、川島に対し、医師の派遣を依頼するとともに、20万円相当の商品券の入った菓子折1袋を手渡した。なお、その後、川島は、このような心遣いは無用ということで、被告人に対し、商品券を返還した。

（6） 同年11月、被告人は、水沢から、山形が、翌年から救急医学教室及び救急科に対応する医局から東朋香芝病院へ医師を派遣することを決めるとともに、医師派遣の謝礼等として月々10万円の支払いを求めていると聞いた。そして、そのころ、被告人は、水沢の指示に従い、被告人側が費用を負担して、大阪市所在の「深川」千日前店で山形及び水沢と飲食し、このとき、山形本人から、翌年から医師を派遣するつもりであることを言われるとともに、月々10万円の支払いを要請されてこれを承諾した。

（7） 同年12月、被告人は、水沢を通じて、山形から、山形が、申請者氏名欄に「山形幸治」と署名押印し、寄附金額欄に120万円と記入するなどした奈良県立医科大学奨励会の研究費等寄附金承諾申請書の用紙及び㋾「救急医学講座代表山形幸治」名義の普通預金口座が書かれたメモを受け取り、その後、その申請書の用紙の寄附者の住所及び氏名欄に「医療法人気象会東朋香芝病院理事長石田文之祐」と書き込み、さらに、そのメモに書かれた振込口座に、医師派遣の謝礼等の趣旨で、平成10年1月から、月々10万円ずつを振り込むこととし、医療法人気象会東朋病院の経理担当者に指示して振り込ませた（別表番号1ないし9。なお、平成10年1月に12万円振り込まれ〔別表番号1〕、同年2月〔別表番号2〕に8万円振り込まれているが、これは、経理担当者が同年1月に10万円振り込むべきところを間違って12万円振り込み、帳尻を合わせるために同年2月に8万円を振り込んだことによるものである。）。

そして、平成10年2月から、山形が非常勤で東朋香芝病院に勤務し、東朋香芝病院が医師を派遣するのに適している病院かどうかについて下見するなどし、その後、同年4月から、救急医学教室及び救急科に対応する医局から医師を派遣するようになった。

（8）　被告人は、水沢の提案に従い、同年3月、水沢と共に、奈良医大第三内科学教室等に対応する医局から東朋香芝病院へ医師を派遣する旨決定してくれた川島を訪れ、川島に対し、医師派遣の謝礼等として30万円相当の商品券の入った菓子折1袋を手渡そうとしたが、このときは川島に受取りを拒否され、後に水沢から水沢が商品券を川島に渡した旨の報告を受けた。

（9）　山形は、水沢を通じて、被告人に対し、派遣する医師の数が増えたことに伴い、同年7月から月々の振込金額を20万円に増額することを要求し、被告人は、これを了承した。

同年10月ころ、山形が、東朋香芝病院事務長であった秋田宏之（以下「秋田」という。）に対し、月々の振込金額が10万円のままで増額されていないことを指摘し、秋田がこの指摘を受けたことを被告人に報告したところ、被告人は、同年7月に遡って月々の振込金額を増額することとし、同年10月分の20万円に同年7月から同年9月分の増額分を上乗せして、同年10月に合計50万円を振り込み、その後、月々20万円を「救急医学講座代表山形幸治」名義の普通預金口座に振り込むこととし、それを東朋香芝病院の経理担当者であった南田和恵（以下「南田」という。）に指示して振り込ませた（別表10ないし24）。

そして、同年10月、上記増額に伴い、東朋香芝病院において、秋田から新たな研究費等寄附金承諾申請書を求められた山形は、奈良医大救急科医局から東朋香芝病院にファックスで研究費等寄附金承諾申請書の用紙を取り寄せ、その用紙の申請者氏名欄に、「山形幸治」と署名押印するなどし、それを秋田に交付した。なお、この申請書用紙は、寄附金額の欄に240万円と記載され、また、㋷作成日付欄に平成10年7月1日と日付が遡って記載されるなどしている。

（10）　同年9月下旬ころ、東朋香芝病院院長で脳神経外科医師であった小谷啓一（以下「小谷」という。）が、被告人らとのいさかい等から東朋香芝病院に辞表を提出することとなり、これに対して被告人が小谷を慰留したものの、契約期間の切れる平成11年3月をもって小谷が東朋香芝病院を退職することが必至となり、それに伴い、東朋香芝病院のもう一人の脳神経外科医師も、小谷の後輩であることなどから、小谷と共に辞める見込みが強くなり、そのため、このままでは小谷が東朋香芝病院を辞める平成11年3月以降東朋香芝病院に脳神経外科医師がいなくなってしまう見込みとなった。そこで、被告人は、診療科目として脳神経外科を標榜し、救急指定されていた東朋香芝病院にとって必要不可欠な脳神経外科の医師を確保するために、各方面に働き掛けるなどし、その一つとして水沢を通じて山形にも協力を要請したが、山形から、水沢を通じて、奈良医大第二外科（脳神経外科）学教室及び附属病院脳神経外科に対応する医局の現状からすると同医局から医師の派遣を受けることは難しいという回答を得た。ところが、平成10年12月ころ、山形から、救急医学教室及び救急科に対応する医局に属する医師で脳神経外科を担当できる医師等を平成11年1月から東朋香芝病院に派遣する旨の回答を得た。

（11）　平成10年12月下旬ころ、水沢は、山形と相談の上、医師派遣の謝礼等として、東朋香芝病院側から、山形に対して現金50万円を、川島に対して20万円相当の商品券をそれぞれ渡すことにし、東朋香芝病院の経理担当者であった南田から、現金50万円と20万円相当の商品券がそれぞれ入った菓子折2袋を受け取り、奈良医大に赴いて、山形に対し、現金50万円入りの菓子折1袋を、川島に対し、20万円相当の商品券入りの菓子折1袋をそれぞれ手渡した。

（12）　平成11年11月ころ、山形は、秋田に対し、月々20万円の振込先の口座を「救急医学講座代表山形幸治」名義の普通預金口座から山形幸治名義の普通預金口座に変更してほしいと要請し、秋田はこれに応じ、同年12月から平成12年3月まで山形幸治名義の普通預金口座に振り込むようになった（別表25ないし28）。㋹ そして、秋田が事後に振込先の口座の変更を被告人に報告したところ、被告人は特段異議を述べることはなかった。なお、この山形幸治名義の普通預金口座は、従前より山形が東朋香芝病院で非常勤医師として稼動したことに対する給料が振り込まれていた口座であった。

（13）　平成12年3月、山形は救急医学教室教授を退官し、同年4月から東朋香芝病院で勤務するようになり、その際、給料の額等について東朋香芝病院側と山形の間で改めて協議がなされている。

3　以上の事実を前提に検討する。

(1)　平成11年12月から平成12年3月までの山形幸治名義の普通預金口座への振込について(別表25ないし28)

被告人は、公判段階で、この山形幸治名義の普通預金口座への振込について、医師派遣の謝礼としての振込(医局への寄附)が中止されると同時に山形の非常勤の診療に対する給料が増加されたことを意味し、この期間に山形幸治名義の普通預金口座に振り込まれたものは全体として山形の給料であった旨供述する(なお、同口座には、平成11年12月、平成12年1月及び同年2月にそれぞれ39万8100円が、同年3月に35万1400円が振り込まれている。)。

㋶しかしながら、山形幸治名義の普通預金口座への振込金額の増加は、それまで「救急医学講座代表山形幸治」の普通預金口座に振り込まれていた金額と同じ20万円であること、平成11年12月当時において、山形の救急医学教室教授としての地位、山形の東朋香芝病院での勤務状況、奈良医大の医局からの医師派遣状況等は従前と変化しておらず、わざわざ医師派遣の謝礼としての振込を中止すると同時に山形に対する給料を増加させるような特段の事情は認められないこと(なお、このころ、水沢が東朋香芝病院を辞職し、それに伴い山形との関係も疎遠になっていたことが認められるが、山形が東朋香芝病院を辞めようとしていたことや東朋香芝病院側で山形を引き留めるような行動をしていたことはうかがわれないのであって、このことをもって山形の給料を増加させるような特段の事情があったとすることはできない。)、㋡この振込先の口座の変更は山形からの一方的な要請に東朋香芝病院側が応じたもので、報酬額の交渉等がなされた経緯がないこと、上記の各振込について形の上で給料として支払われ、源泉徴収されていたが、これは、山形個人の普通預金口座に振り込まれることとなったことから形を整えたに過ぎないと思料され、東朋香芝病院から山形に渡されていた給料明細書ではわざわざ20万円については段を変えてその他の給料とは区別して記載されていたこと、約4か月後の㋰平成12年3月に山形が救急医学教室教授を退官した後の東朋香芝病院からの給料の額については改めて協議されていること、そして、東朋香芝病院の事務長であった秋田が、この点について、医師派遣の謝礼としての振込を継続しており、単に振込先の口座を変更したにすぎないと認識していた旨供述していること(甲63、64、第25回公判)、㋤山形が、この点について、東朋香芝病院からの非常勤医師としての稼動に対する給料とは別個に月々20万円を振り込んでもらった旨供述していること（第25回公判）などに照らせば、平成11年12月から平成12年3月までの分については、それまで「救急医学講座代表山形幸治」名義の普通預金口座へ振り込まれていたものが、給料と一括して山形幸治名義の普通預金口座へ振り込まれるようになったと認めるのが相当である。

そして、被告人が事後に秋田から振込先の口座を変えたことの報告を受けた際、何ら異議を述べなかったことに加え、捜査段階では、被告人自身、医師派遣に対する謝礼の支払いの形式にこだわっていなかったので、月々20万円の支払いの振込先が山形幸治名義の普通預金口座へ変更されたものであると認識したが、特段異議を述べなかった旨供述しており、その供述に特段不自然な点は見受けられず信用できることからすれば、被告人において、上記事実を十分認識していたものと認められる。

(2)　平成10年12月下旬ころ、水沢から山形に手渡された現金50万円について

被告人は、公判段階で、この現金50万円について、十数人の奈良医大の関係者に対して渡すものとしての50万円及び十数人の奈良医大の関係者以外の奈良県の関係者等に渡すものとしての20万円の合計70万円を水沢に渡したところ、水沢が、被告人の意思に反して、そのうちの現金50万円を山形に渡した旨供述する。

しかしながら、前記2、(11)のとおり、水沢は、山形との間で、現金50万円を山形に、20万円相当の商品券を川島にそれぞれ渡すということを協議した上で現金50万円を山形に渡しているところ、水沢において、あえて山形との協議の内容とは異なる、被告人の公判段階の供述のようなことを被告人に伝える理由はないこと、山形や川島に対し、年末のあいさつをするべきだと被告人に提案したところ、被告人が了解し、その後、山形と相談して、山形に対し現金50万円、川島に対し20万円相当の商品券をそれぞれ渡すことになり、そのことを被告人に伝え、(井)これを被告人が了承したという点に関する水沢の供述は終始一貫しており信用性が高いこと、東朋香芝病院の経理担当であった南田が、被告人から「この（立て替えた100万円の）中から、奈良医大に持って行く現金50万円と商品券20万円分を出してくれ。奈良医大には水沢さんが持って行くから、水沢さんが言ってきたら渡してやってくれ。」という指示を受けた旨供述しているところ（甲85）、この供述は、南田が被告人に不利益な事実を不明確なまま供述したとは考えにくく、信用できるところ、その内容は、水沢の供述内容と一致するが、被告人の公判

段階の供述内容とは矛盾すること、前記2の(5)、(8)のとおり、平成9年9月及び平成10年3月に、水沢と共に、奈良医大の教授であったと山形や川島に対し、20万円ないし30万円相当という相当高額の商品券を医師派遣の謝礼等として渡し又は渡そうとし、かつ、前記2、(10)のとおり、ⓝ平成10年12月当時、脳神経外科医師を確保するために水沢を通じて山形に協力を依頼し、そのために山形が尽力したことが認められ、この時期に山形に対し謝礼として現金50万円を供与することが事態の推移として極めて自然といえること、当時東朋香芝病院が医師の派遣を受けていたのは川島が教授兼部長を務めていた奈良医大第三内科学教室及び附属病院第三内科に対応する医局及び山形が教授兼部長を務めていた救急医学教室及び救急科に対応する医局の二つであったのであって、被告人が、山形及び川島に対し、謝礼をする理由が存すること、東朋香芝病院の経営方針として、3万円以上の支出については理事長であった被告人の決裁が必要とされていたのであり、被告人が金銭の流れを全く把握していなかったとは考えがたいこと、ⓞ被告人自身、捜査段階では、水沢に依頼して、山形に対し、現金50万円を渡した旨供述しており、この捜査段階の供述に特段不自然な点はうかがわれず、ⓠかつ、弁護人から十分な法的アドバイスを受けていたと認められ、十分信用できるのに対し、ⓨ被告人の公判段階の供述は、財産的利益の供与の相手方が漠然としているなど不自然な点が見受けられ、信用できないことなどに照らせば、被告人が、平成10年12月下旬ころ、水沢に依頼して、山形に対し、医師派遣の謝礼等として現金50万円を渡したと認めるのが相当である。

そして、同様の理由から、被告人が、同じころ、水沢に依頼して、川島に対し、医師派遣の謝礼等として20万円相当の商品券を渡した事実をも認めることができる。

(3) 平成10年1月から平成11年11月までの「救急医学講座代表山形幸治」名義の普通預金口座への振込について(別表番号1ないし24)

被告人は、捜査段階の当初(乙94)及び公判段階で、この「救急医学講座代表山形幸治」名義の普通預金口座への振込の振込先は、山形個人ではなく、奈良医大ないし救急医学教室及び救急科に対応する医局であったと認識していた旨供述し、公判段階(第28回公判)で、仮に山形個人に対する振込であると認識していたら、当該振込をしていなかった旨供述する。

この点、前記2の(7)、(9)のとおり、奈良県立医科大学奨励会の研究費等寄附金承諾申請書が2通作成され、振込先の口座に「救急医学講座代表」という肩書きが付されていることなどからすると、形式上は救急医学教室及び救急科に対応する医局に対する寄附という形を取っているといえなくもないが、(チ)作成された2通の申請書をみると、申請者氏名欄には、本来、寄附の承認を申請する者、本件でいえば、東朋香芝病院側の者の氏名が記載されるべきであるのに、申請者氏名欄に山形の署名押印がなされ、また、最初に作成された申請書については、寄附金額の欄に120万円と記載されていたにもかかわらず、120万円全額の支払いがなされる前に、新たに2通目の申請書が作成され、2通目の申請書については平成10年10月に作成されたにもかかわらず、作成日付は同年7月と記載され、そして、平成11年7月以降の振込については申請書が作成されておらず、さらに、当該申請書がその後いずこにあるのか、奈良医大に提出されたか否か、寄附の承認が得られたか否かなどについて、東朋香芝病院側の者も山形も、一切知らず、確かめようともしていなかったのであって、かかる不自然な状況に加え、表立って医師派遣に対する謝礼等として金銭を授受することがためらわれる山形や、医局に対する寄附とした方が税制上有利である東朋香芝病院側にとって、(カ)研究助成という名目で医局に対して寄附するという形式を整える実益があったことに照らすと、上記の形式のみを重視することはできない。

そして、一方において、本件一連の事態を全体としてみると、教授が医局からの医師派遣について実質的決定権を有することを知悉していた被告人が、前記2の(5)、(8)、(11)及び3、(2)のとおり、水沢の提案によるところが大きいとはいえ、自ら水沢と共に又は水沢を通じて、医師の派遣を受けられるように、奈良医大の教授であった山形や川島に対し、複数回にわたって相当高額の商品券や現金等を渡し又は渡そうとし、更に山形に対してはゴルフや飲食の接待をするなどして、主として、医局人事に絶大な権力を有する教授個人に働き掛けていたことが認められる。

また、前記3、(1)のとおり、平成11年12月から平成12年3月までの間、それまで「救急医学講座代表山形幸治」名義の普通預金口座に振り込まれていた月々20万円の医師派遣の謝礼が、山形幸治名義の普通預金口座に振り込まれるようになり、被告人において、事後に報告を受けた際、これを認識しながら特段異議を述べなかったことが認められるのであって、被告人において、「救急医学講座代表山形幸治」名義の普通預金口座へ振り込まれていた金銭と、一見して明らかに山形個人の普通預金口座であるところの山形幸治名義の普通預金口座へ振り込まれていた金銭との間に質的な差を感じていなかったと推認できる。

以上の事情に加え、山形自らが、秋田に対して、月々の振込金額が増加されていない旨の指摘をし、また、振込先の普通預金口座の変更の要請をしたことを被告人が認識していること、受領者の山形及び仲介者の水沢において、振込先が医局ではなく、山形個人であることを認識していたと認められること(なお、水沢は、第16回公判で、医局に金銭が振り込まれていると思っていたかのような供述をするが、捜査段階並びに第17回及び第20回公判では、山形個人に振り込まれていると認識していた旨供述しており、第16回公判における水沢の供述は全体的にあいまいであることや、同人の供述全体の流れからすると水沢が山形と同じ認識を有していたと考えるのが自然であること等に照らせば、水沢においても山形個人に振り込まれていたことを認識していたと認めるのが相当である。)、山形が、第24回及び第25回公判で、被告人とゴルフに行った際、被告人との間で、振り込まれた又は振り込まれる(ト)金銭について山形が自由に使うことを被告人が了解していた内容の会話があった旨明言していること、平成11年4月ころ、医療法人気象会の顧問であった公認会計士から、東朋香芝病院の経理処理について、当該振込に係る金銭が研究費として処理していた点について、(ヨ)本来は交際費である旨の指摘を受けたにもかかわらず、被告人が、何らの措置も講じず、放置していること、当該振込に係る金銭は、実際に山形によって個人的用途に費消されているところ、被告人において、(ヘ)前記の形式面を除いて、当該振込先が、山形個人ではなく、救急医学教室及び救急科に対応する医局であったと明確に認識していたとうかがわれる客観的事情が認められないこと、(ハ)被告人自身、捜査段階において、最終的には、当該振込が、山形個人に対する医師派遣の謝礼であった旨供述しているところ、この供述は、被告人において虚偽の供述をせざるを得ないほどの状況にあったとは認められず、内容が関係証拠により認められる客観的事情に符合しており、また自然なものであって、信用性が高いことなどに照らせば、(ホ)被告人と山形の意思疎通は主として水沢を通じてなされていたこと、被告人に対し、山形及び水沢から、山形個人に対する振込であるという明確な説明がなされていなかったとうかがわれることなどを十分考慮してもなお、被告人は、研究助成という名目や奈良医大ないし救急医学教室及び救急科に対応する医局への寄附といった形式面を重視したわけではなく、要するに、医師派遣に対する謝礼として、医師派遣について実質的決定権を有していた山形の望むとおりに、金銭を振込送金していたと認められるのであり、当該振込に係る金銭について、山形が医局に無関係な全くの私的な用途に費消したことは予想外であったにせよ、山形個人が自由に使用できるものであることを認識していたというべきであって、その意味では当該振込先が山形個人であることを認識認容していたと認めるのが相当である。

4　以上の検討結果に加え、関連病院において、医師派遣を受けた場合に教授や医局に対して医師派遣の謝礼をすることが慣例になっていたといえなくはないにしても、本件における前後28回にわたる月々10万円ないし20万円の振込及び現金50万円の供与は、いずれも高額なものであり、社交的儀礼の範囲を明らかに逸脱していることをも併せ考えれば、本件の金銭供与はいずれも賄賂にあたることは明らかである。

そして、前記のとおり、被告人の指示に基づいて、山形個人に対し、月々10万円ないし20万円の合計５００万円の振込をし、さらに、水沢を通じて、現金50万円を渡したことを、被告人において、認識認容していたと認められること、被告人は、㋑第27回公判で、医師派遣の謝礼として相当高額の商品券を奈良医大教授に渡したこと自体については法律に触れる悪いことをした旨供述しており、被告人自身、地方公務員である奈良医大教授に医師派遣の謝礼として相当高額の金品を供与することが違法であるという認識を有していたことを自認していること、実際、被告人が、自ら水沢と共に商品券を教授に手渡すときには、商品券を菓子折と共に渡しており、外見上は単なる菓子折の贈与を装っていること、平成9年9月ころに被告人が川島に対して供与した20万円相当の商品券について、川島から被告人に対してこのような心遣いは無用ということで返還されたことがあったこと、そして、被告人が、山形が地方公務員である奈良医大教授であったことを明確に認識し、医局からの医師派遣の仕組み、とりわけ山形の果たす役割について知悉していたこと、さらに、賄賂を収受した山形において、受け取った金銭について、賄賂であると明確に認識していたわけではないが、表に出せない金銭であるという認識を有していたことなどに加え、被告人の捜査段階の供述内容に照らせば、被告人において、月々10万円ないし20万円の合計５００万円の振込及び現金50万円の供与について、明確な認識を有するまでには至っていなかったものの、賄賂性の認識を有していたと認められる。

以上からすれば、前記の弁護人の主張（第2の1）は理由がなく、採用できない。

【法令の適用】(略)

【量刑の理由】

1　本件は、医療法人理事長として病院を経営していた被告人が、地方公務員かつ教育公務員である奈良県立医科大学教授兼同大学附属病院救急科部長に対し、同救急医学教室及び同救急科に対応する医局から、自らが経営する病院に勤務する医師を派遣するなどの便宜ある取り計らいを受けること、あるいはこれを受けたことに対する謝礼及び今後も同様の取り計らいを得たいとの趣旨の下に、合計550万円の賄賂を供与したという贈賄の事案である。

2　被告人は、自ら経営していた病院に勤務する医師を確保するために賄賂を供与しているが、医師確保の重要性、困難性は分からないではないが、このことは何ら犯罪を正当化するものではない。そして、本件で、被告人は、反復継続して賄賂を供与している上、その供与した賄賂の額は合計550万円と多額であって、犯情は悪い。さらに、奈良県立医科大学教授という教育公務員の職務に対する社会の信頼を著しく侵害したといえる点からも強く非難されるべきである。

以上の事情に加え、被告人が公判段階で弁解を述べ、真の反省にまで至っているとは認められないことなどに照らせば、被告人の刑事責任を軽視することはできない。

3　しかしながら、他面、金銭供与の対価となった行為は、前記認定のとおり、本来の職務行為そのものではなく、職務密接関連行為として職務関連性が肯定されるものといえ、この点は犯情として考慮すべきであること、医師派遣を受けた場合にその謝礼を渡すという悪しき慣行の存在がうかがわれる上、本件において被告人が賄賂を供与するに至ったのは医師派遣について絶大な権力を有する教授からの要請及びその教授との仲介者の提案に従った側面が強いこと、本件が新聞で報道されるなどして被告人が相当の社会的制裁を受けたといえること、今後は医師の確保について適正な方法で行うことを誓っていること、他に医師法等に基づく行政処分を受ける可能性も存すること、被告人には道路交通法違反の罪による罰金前科しかないことなどの被告人に有利な情状も認められる。

4　そこで、以上の被告人に有利、不利一切の情状を総合考慮して、主文の刑を定め、その刑の執行を猶予するのが相当であると判断した。

よって、主文のとおり判決する。

【求刑　懲役1年6月】

平成14年9月30日

大阪地方裁判所第14刑事部

裁判長裁判官　角田正紀

裁判官　岩田光生

裁判官　田辺暁志

別表

番号	犯行年月日(ころ)	振込口座(いずれも普通預金口座)	金額
1	平成10年1月12日	奈良県橿原市八木町1丁目1番1号所在の株式会社南都銀行橿原支店の「救急医学講座代表山形幸治」名義	12万円
2	同年2月5日	同上	8万円
3	同年3月6日	同上	10万円
4	同年4月2日	同上	同上
5	同年5月1日	同上	同上
6	同年6月5日	同上	同上
7	同年7月6日	同上	同上
8	同年8月3日	同上	同上
9	同年9月2日	同上	同上
10	同年10月1日	同上	50万円
11	同年10月29日	同上	20万円
12	同年12月1日	同上	同上
13	同年12月24日	同上	同上
14	平成11年1月29日	同上	同上
15	同年3月4日	同上	同上
16	同年4月2日	同上	同上
17	同年5月10日	同上	同上
18	同年6月2日	同上	同上
19	同年6月29日	同上	同上
20	同年7月28日	同上	同上

21	同年8月27日	同上	同上
22	同年9月29日	同上	同上
23	同年10月27日	同上	同上
24	同年11月29日	同上	同上
25	同年12月28日	同県北葛城郡王寺町王寺2丁目6番11号所在の株式会社さくら銀行大和王寺支店の山形幸治名義	同上
26	平成12年1月28日	同上	同上
27	同年2月28日	同上	同上
28	同年3月28日	同上	同上
合計			500万円

二審判決

平成15年12月19日宣告　裁判所書記官　藤田和巳

平成14年(う)第1649号

判　決

本籍　(略)

住居　(略)

医師　石田文之祐

昭和15年7月3日生

上記の者に対する贈賄被告事件について、平成14年9月30日大阪地方裁判所が言い渡した判決に対し、被告人から控訴の申立てがあったので、当裁判所は、検察官室田源太郎出席の上審理し、次のとおり判決する。

主　文

本件控訴を棄却する。

理　由

本件控訴の趣意は、主任弁護人野村公平、弁護人後藤貞人、同中村留美、同谷川雅一共同作成の控訴趣意書に、これに対する答弁は、検察官室田源太郎作成の答弁書に、それぞれ記載されたとおりであるから、これらを引用する。

第1　控訴趣意中、理由不備ないし理由齟齬の主張(控訴趣意書第1)について

論旨は、要するに、原判決は、その「法令の適用」の項において、第1の事実につき、原判決添付の別表(以下、単に「別表」という。)番号1ないし9の各所為と同10ないし28の各所為とでそれぞれ別個の包括一罪が成立するとしているが、何を根拠に別表番号1ないし9の各所為と同10ないし28の各所為を二分したのかが判文上不明であるから、原判決には理由不備ないし理由齟齬がある、というのである。

そこで、所論にかんがみ、記録を調査して検討すると、別表によれば、番号1ないし9の各所為は贈賄にかかる振込送金額が月10万円の割合であったのに対し(なお、同1の平成10年1月12日ころの振込送金額が12万円、同

2の同年2月5日ころの振込送金額が8万円となっているのは、同年1月分として10万円を振込送金すべきところ誤って12万円を振込送金したため、過払い分の2万円を同年2月分の振込送金額から減じて調整したことによる。)、同10ないし28の各所為は振込送金額が月20万円の割合(なお、同10の同年10月1日ころの振込送金額が50万円となっているのは、同送金額が同年7月分に遡って月10万円から月20万円に増額されたため、同月から同年9月までの3か月分の差額合計である30万円を加算して送金したことによる。)となっていることが明らかであって、原判決はこの差異に着目して同1ないし9の各所為と同10ないし28の各所為とを二分したものと解されるから、原判決に理由不備ないしは理由齟齬はない。論旨は理由がない。

第2　控訴趣意中、事実誤認の主張(控訴趣意書第3)について

論旨は、(1)原判示第1の事実につき、被告人が振込送金した別表番号1ないし24の各金員は奈良県立医科大学(以下、「奈良医大」という。)救急医学教室及び同大学附属病院(以下、単に「附属病院」ということがある。)救急科に対応する医局に対する寄付であり、同25ないし28の各金員は、当時、被告人が経営していた医療法人気象会東朋香芝病院(以下、単に「香芝病院」という。)に勤務していた奈良医大救急医学教室教授兼附属病院救急科部長山形幸治(以下、「山形」という。)に対する給与の一部であって、いずれも賄賂ではなく、被告人には賄賂性の認識もない、また、(2)原判示第2の事実につき、被告人は、山形に対し50万円もの金員を贈る必要性はなく、贈るつもりもなかったところ、水沢昭市(以下、「水沢」という。)が被告人から奈良医大関係者十数名に対する年末のあいさつとして預かった合計50万円の現金を、被告人の意思に反して山形一人に渡してしまったものであるから、水沢が山形に渡した50万円には賄賂性がなく、また、被告人には賄賂性の認識もない、(3)にもかかわらず、原判示第1、第2の各事実につき、被告人が振込送金し、あるいは、水沢が山形に渡した各金員に賄賂性を認め、かつ、被告人に賄賂性の認識を認めた原判決には、判決に影響を及ぼすことが明らかな事実誤認がある、というのである。

そこで、所論にかんがみ、記録を調査し、当審における事実取調べの結果も併せて検討すると、関係証拠によれば、原判示第1、第2の各事実につき、被告人が振込送金し、あるいは、水沢が山形に渡した各金員の賄賂性及び

被告人の賄賂性の認識がそれぞれ優に認められるのであり、原判決が「事実認定の補足説明」の第2項で説示するところも概ね相当なものとして是認できるのであって、当審における事実取調べの結果によっても上記判断は左右されない。

これに対し、所論（当審における弁護人らの弁論を含む。）は、まず、原判決の賄賂性及び被告人の賄賂性の認識に関する判断方法、すなわち、原判決は、最初に別表番号25ないし28の振込送金についての賄賂性及び賄賂性の認識の有無を判断し、その後原判示第2の事実に係る50万円について同様の判断をし、さらに別表番号1ないし24の振込送金について判断をするという判断方法を採っているが、このような判断方法は不当である、と主張する。しかしながら、本件のように継続的に金銭が供与されている場合に、順次時系列を遡りながら賄賂性及びその認識の有無を判断するということも一つの手法であって、このような手法を採ったことが違法不当であるとはいえない。この所論は採用できない。

次に、所論は、原判示第1の事実について、別表番号1ないし24の各振込送金が山形の主宰する医局からの医師派遣に対する見返りであることは認めるものの、医局に対する寄付であるから賄賂には当たらないし、被告人においても、賄賂性の認識を有していなかった、と主張する。確かに、上記各振込送金は、「救急医学講座代表山形幸治」名義の普通預金口座に振り込まれており、奈良医大学長宛の研究費等寄附金承諾申請書2通も作成されている。しかし、原判決が「事実認定の補足説明」の第2項3（3）（原判決28頁以下）で指摘する事情（なお、原判決は、上記研究費等寄附金承諾申請書2通の申請者氏名欄に山形の署名押印がされている点も、上記各振込送金の賄賂性及び被告人の賄賂性の認識を認定する一事情としているが、この点は、同書面を記載した(ヌ)山形においてすら誤って記載したことに気付かなかったのであるから、これを賄賂性及びその認識を推認させる一事情とすることは相当でない。）、特に、(ロ)上記各振込送金が、被告人において、医局の主催者である教授に医局からの医師派遣の実質的な決定権があることを認識しながら、山形に対して香芝病院への医師派遣を依頼し、複数回にわたって高額の商品券を渡したり、ゴルフや飲食の接待をするなどの働き掛けを行う過程で、山形本人からも直接月々10万円の支払を要求され、これを承諾することによって開始されていること、上記のとおり、(ル)学長宛の研究費等寄附金承諾申請書が作成されていながら、学長からの承諾があったか否かを確認することもなく、また、(ワ)山形が手書きのメモで指示した預金口座に振込送金がされていること、振込送金額が20万円に増額された際にも、研究費等寄附金承諾申請書が作成されているが、その書類は、学長宛の文書でありながら、ファックスで送信され、印字された用紙を用いて作成され、しかも、送信記録から明らかに申請日を遡らせた日付で作成するなど、香芝病院の事務部門においても同申請書を振込みのための形式とだけしか扱っていないような取り扱いがされていること(このことは、増額分として作成された240万円の研究費等寄附金承諾申請書に基づく振込送金完了後の平成11年7月分以降が、新たな研究費等寄附金承諾申請書を作成することなく継続して振込送金されていることからもいえる。)、㋟平成11年4月に行われた前記医療法人気象会に対する税務調査結果の説明を谷垣一平公認会計士から受けた際、被告人は、本件各振込送金について、大学側としては扱われていない旨の説明を受けながら、この点については帳簿外の処理をしている、すなわち、正規の寄付としては扱われていない旨の説明を受けながら、この点について山形に確認するなどしていないこと、さらに、㋡香芝病院の事務長であった秋田徳治(以下、「秋田」という。)から、山形の要請により、同年12月分からの振込口座が、上記の「救急医学講座代表山形幸治」名義の普通預金口座から山形個人名義の預金口座に変更になった旨の報告を受けた際も、特に異を挟むことなく直ちにこれを了承していること(なお、後述のとおり、別表番号25以降の各振込送金が山形に対する給料の一部であるとの被告人の供述は信用できない。)、㋥加えて、被告人は、捜査段階において、上記各振込送金が山形に対する賄賂であり、そのことを認識しながら経理担当者等に振込送金の指示をした旨の供述をしていること(この供述は、上記各事実関係を合理的に説明できるもので、十分信用できる。)などを総合考慮すると、上記各振込み送金が山形に対する賄賂であり、被告人がそれと認識しながら山形に対して供与したものと認められる。

したがって、この所論も採用できない。続いて、所論は、原判示第1の事実のうち、別表番号25ないし28の各振込送金につき、この振込送金は山形に対する給料の一部であり、その旨の被告人の供述は信用できる、と主張する。しかしながら、被告人は、山形からの一方的な振込口座変更の申し出を受けたのであるから、これを同人に支払う㋧給料の増額として対処しようとするのであれば、山形とその点の話し合いを持った上で決定するのが通常であり(㋒現に、山形が奈良医大を退職した後の平成12年4月からの給料については、山形との間で話し合いがされている。)、これもせずに、山形の給料を引き上げたということは不自然であること、また、山形の給料を引き上げるのであれば、被告人も、医師の報酬や給料は手取額で要求してくるのが一般的であると供述しているのであるから、手取額として20万円が増額されるように扱うのか、それとも20万円については、それまでの山形に対する給料の支払とは異なり、源泉徴収分を上乗せしないで支払うのかということを決め、経理担当者に対して指示すべきであるのに、そのような指示もされていないこと(ママ)（被告人は、原審において、源泉徴収をきっちりするように秋田に指示したと供述しているが、秋田は、被告人から指示がなかった旨供述していることや、平成11年12月分から平成12年3月分までの山形の給与明細が本来の給料である外来診療分とそれまで支払われていた20万円を区別して記載されていることからしても、秋田に指示した旨の被告人の供述は信用できない。）などを考慮すると、所論に沿う被告人の供述は信用性に乏しいというべきである。

したがって、所論は採用できない。

さらに、所論は、原判示第2の事実につき、被告人は、平成10年12月下旬ころ、山形に対して50万円もの現金を贈る必要はなく、この50万円は、十数名の奈良医大関係者に渡すものとして水沢に託したのに、これを水沢が被告人の意に反して全額山形に渡したものであるとの被告人の供述は信用でき、これに反する水沢の供述は信用できない、と主張する。しかしながら、関係証拠によると、原判決が「事実認定の補足説明」の第2項2(10)（原判決23頁以下）で認定するとおり、本件当時、被告人は、退職予定の香芝病院院長で脳神経外科医師であった小谷啓一と小谷啓一の後を追って退職するであろうもう一人の脳神経外科医師花村勘治の後任確保に苦慮し、水沢を通じて山形に対して脳神経外科医師の派遣を依頼しており、同年12月ころ、山形から、水沢を介して、常勤医師の派遣は無理だが、平成11年1月から高島医師を非常勤として派遣する旨の返事を受け、不十分ながらも、診療科目として脳外科を標榜し続けることが可能になったこと、また、被告人は、香芝病院の増床を計画し、その実現に向けて注力していたところ、奈良県から救急医療に対応できる常勤医の比率が低いなどと問題点を指摘されており、救急医療に対応できる常勤医の比率を上げるためにも、山形が主宰する医局から常勤医を派遣してもらう必要性が高かったことなどが認められるのであり、これらの事情に照らせば、被告人において、山形に対し50万円という金額を贈る必要性がないなどとはいえない。また、原審及び当審における被告人の供述によれば、被告人は、水沢にいわれるまま、現金や商品券を渡す相手が誰であるのか、その人物に現金等を渡す必要性があるのかなどといったことを一切考慮せず、現金50万円、商品券20万円分、合計70万円という大金を水沢に交付したということになるが、これは、いかにも不自然である。他方、所論は、水沢の以下の供述、すなわち、被告人に対し、日頃世話になっている山形と奈良医大第三内科教室の川島康忠教授(以下、「川島」という。)に対して盆暮れの付け届けをする必要がある旨を話し、山形とも相談した上、山形に現金50万円、川島に商品券20万円を贈ることにし、その旨を被告人に話して了承を得た上、被告人において準備した現金50万円、商品券20万円を持参してそれぞれ山形、川島に渡した旨の供述は信用できないと主張する。しかし、水沢の上記供述は、捜査段階から一貫したものであることに加え、原判決も指摘するとおり、香芝病院の経理を担当していた南田和恵の供述及び捜査段階の被告人の供述によって裏付けられているのであるから、十分に信用できる。したがって、この点の所論も採用できない。

このほか、所論が縷々主張する点を検討しても、原判示第1の各振込送金及び原判決第2の50万円に賄賂性を認め、かつ、被告人に賄賂性の認識を認めた原判決に事実誤認はない。

この論旨も理由がない。

第3　控訴趣意中、事実誤認及び法令適用の誤りの主張(控訴趣意書第2)について

論旨は、奈良医大救急医学教室及び同大学附属病院救急科に対応する医局に属する医師を香芝病院等の関連病院に派遣する行為が同大学救急医学教室教授兼同大学附属病院救急科部長であった山形の職務に密接な関係を有する準職務行為又は事実上所管する行為として職務関連性を有するとした原判決は、前提となる事実を誤認し、法令適用の誤りを犯したものであって、その事実誤認及び法令適用の誤りが判決に影響を及ぼすことも明らかである、と主張する。

そこで、記録を調査し、当審における事実取調べの結果も併せて検討すると、原判決が、その「事実認定の補足説明」の第1項において説示するところにより、上記医局から関連病院に医師を派遣する行為が、上記山形の本来の職務と密接な関係を有する準職務行為又は事実上所管する行為に当たるとして、職務関連性を認め、原判示第1、第2の各事実について刑法198条を適用したのは正当である。なお、所論(当審における弁護人らの弁論を

含む。)にかんがみ、付言する。

まず、所論は、学校教育法上、大学教授である山形には、助教授以下の教員、医員、臨床研修医等に対する教育、指導権限は認められない、と主張する。しかしながら、このうち、奈良医大において研究生、専修生の身分を有する医師については、講座担当者である教授(大学設置基準9条2項)の指導に基づき医学に関する諸種の研究に従事するとされているから(研修生規程2条、専修生規程2条)、同大学教授である山形に研究生、専修生に対する指導教育権限が認められることは明らかである。また、同大学臨床医学教室の教授は、同教室に対応する同大学附属病院各診療科部長を兼務しているところ、奈良県立医科大学臨床研修規程5条2項によれば、臨床研修医に対する臨床研修は、診療科部長及び臨床研修指導医の指導のもとに行うとされ、奈良県立医科大学臨床研修取扱細則5条によれば、診療科部長は、臨床研修従事調書を作成することとされているから、附属病院救急科部長であった山形に、臨床研修医に対する指導教育権限が認められる。さらに、奈良県立医科大学附属病院規程5条3項によれば、各診療科部長は、その科の運営及び診療業務を掌理するとされ、当該診療科の運営と診療業務につき、最終責任者としての職務と権限を有するとされているのだから、当該診療科に属する副部長以下の臨床教員、医員、非常勤医師、臨床研修医に対する指導監督権限を有することも、また、明らかである。各診療科では患者の診療を行っているところ(なお、前記附属病院規程2条によれば、患者の診療も医学の教育研究の一環とされている。)、患者の診療は、その患者の生命、身体の安全に直結する問題であり、他方、診療業務についての最終責任は各診療科の部長が負うことからすれば、個々の患者の診療方針、診療内容等についても各診療科部長の指導権限が及ぶと解すべきであり、そのことは、当該患者の主治医がたとえ大学助教授である副部長であったとしても、異ならないというべきである。したがって、附属病院救急科部長であった山形には、救急科の運営及び診療業務に関し、救急科に所属する医師らを指導する権限も認められる。その上で、原判決も指摘するように、大学医学部の臨床医学の分野においては、臨床医学教室と診療科がいわば一体の組織として構成され、そこにおいて、教授を長とし、その職務を助ける助教授以下の教員が置かれ(平成11年法律第55号による改正前学校教育法〈以下も同様である。〉58条5項ないし8項、上記附属病院規程5条4項)、教授の指導の下に組織として教育研究活動を行うことが当然に予定されていること、高度の医療技術や研究業績を身に付けるためには多年の教育を受け、教授の指導の下で研究をすることが必要であること、上記のとおり、奈良医大及び附属病院の関連諸規程には、臨床医学教室の教授兼診療科部長が、当該教室ないし診療科に所属する医師に対して指導教育をする権限があることを前提とする規定が少なからず存在することなどを考慮すると、確かに、学校教育法58条5号は、助教授以下の教員に対する指導教育権限に触れていないが、臨床医学の分野においては、教授は、助教授、講師、助手といった教員である医師をも指導、教育する権限を有するというべきである。したがって、奈良医大救急医学教室教授兼同大学附属病院救急科部長であった山形には、同教室及び同科に属する助教授以下の教員、医員、非常勤医師、臨床研修医等の医師を教育し、その研究を指導する職務権限を有していたとの原判決の認定に誤りはない。

所論は、このような教授の指導教育権限を認めることが学問の自由や大学の自治に反すると主張するが、上記のとおりの臨床医学の特殊性等を考慮すると、いまだ医師としての経験を十分積んでいない若手の医師に対し、医学や医療技術等について教育、指導することや、ある程度の経験を積んだ医師、あるいは大学の助教授等の教員に対し、その研究を指導することが、ただちに学問の自由を侵害するということにはならないし、ましてや大学の自治に反するなどともいえない。また、所論は、高度な専門性を持った職業の場合、国家試験に合格し、免許が付与された後は、自己研鑽、自己修練が求められているのであって、教育が求められているのではないから、原判決は、自己研鑽と教育を混同しているとも主張する。しかしながら、医師らに自己研鑽、自己修練が求められるのは当然であるとしても、上記のとおり、高度の医療技術や研究業績を身に付けるためには、多年にわたる指導教育を受ける必要があることも、また多言を要しないところである。奈良県立医科大学附属病院規程2条が「病院は、患者の診療を通じて医学の教育と研究をおこなうところとする。」と規定しているのも、上記の趣旨を明らかにしたものと解される。以上のとおり、所論は、いずれも採用できない。

次に、所論は、奈良医大の教授に、自らが教授ないし部長を務める臨床医学教室及び診療科の構成員に対する実質的な人事権を認めた原判決の認定に誤りがある、と主張する。しかしながら、原判決が認定するとおり、教授を除く教員、医員、研修生、専修生、非常勤医師及び臨床研修医の採用、昇進又は入学について、教授ないし教授が兼務する診療科部長の提案、推薦、認諾等が必要とされていることが認められる。そして、教授ないし診療科部長の提案、推薦、認諾等がなければ、当該採用、昇進又は入学は事実上困難であり、他方、これらがあれば、当該採用等はそのまま認められ、これに反する人事がなされることはないに等しいことを考慮すると、事の当否はともかく、診療科の部長も兼務する臨床医学教室の各教授は、当該教室ないし診療科の構成員に対する実質的な人事権を有していたというべきであって、奈良医大救急医学教室教授兼同大学附属病院救急科部長であった山形に、同教室ないし同科の構成員に対する実質的な人事権を認めた原判決に誤りはない。

さらに、所論は、医局に関する原判決の認定に関し、①医局の機能と実態は、就職先の確保、関連病院への医師派遣に集約されるのであって、医局において臨床技能を磨くなどの指導が行われているとの原判決の認定は誤りである、②医局は、大学や附属病院とは何らの法的関連性を持たない私的で任意の団体であって、医局が大学の教室及び附属病院の診療科と密接不可分の組織であるとの原判決の認定は誤りである、などと主張する。しかしながら、①について、医局の機能の一つとして、医学及び医療技術の教育、研究があることは、医師である事件関係者がほぼ一致して供述しているところである（医局の存在が、医学研究、医師の臨床能力の向上にかなりの程度寄与していることは、原審証人釜谷医師も認めている。）。原判決も指摘するとおり、そもそも医局は、明治時代にドイツから旧東京帝国大学に医学が持ち込まれたときに医師の養成機関として生成されたもので、それが全国の大学に広まったものであり、その後も、連綿として医師の養成、医学の教育研究の場として存在し続けてきたことからしても、医局に医学及び医療技術の教育、研究という機能があることは否定できない。現に、附属病院救急科では、山形が作成したカリキュラムに従って臨床研修医に対する教育指導が行われていたが、このカリキュラムには、附属病院での臨床研修だけでなく、大阪警察病院における麻酔科の臨床研修も含まれていたのであって、このことは、山形が行っていた臨床研修医に対する教育指導が、奈良医大救急医学教室ないし附属病院救急科での教育指導を超えた医局ないし医局主宰者としての教育指導であったことを示している。また、関係証拠によれば、医局では、当該医局から関連病院に派遣した医局員である医師を通して多数の臨床例を収集し、これを素材として臨床研修を行っていること、関連病院に派遣されている医局員たる医師が関連病院において困難な臨床例に出会った場合、これを医局に持ち帰り、診療方針等について教授の指導を受けていること、関連病院に派遣された医局員たる医師についても、医局に戻って研究に従事する帰局日という制度があることなどが認められるが、これらも、医局に医学及び医療技術の教育、研究という機能があることを裏付けている。これに対し、所論は、医局の主宰者である教授が医局員に対して行う指導なるものの実体は、まさに大学教授としての本来の職務行為であって、医局の主宰者として行われているものではないと主張する。

確かに、医局を構成する医師の多くは、大学ないし大学附属病院との間で一定の身分関係を有しており、前記のとおりの大学教授ないし診療科部長の指導教育を受ける立場にある（医局に属する医師が、臨床医学教室や診療科の予算、施設、器具等を使用できるのも、原則として、この大学ないし附属病院との間の身分関係に基づくものといえる。）。しかしながら、関係証拠によれば、医局を構成する医師の中には、関連病院に派遣され、大学や附属病院の一員となっていない者も含まれるところ、これらの者に対しても、医局の主宰者である教授において指導教育が行われていることが認められるのであるから（山形が医局員に対して行っていたモーニングカンファレンス、カルテのチェック、回診、学位論文のテーマ選択、内容のチェック、学会発表の予行練習等を通じての指導教育も、カルテのチェックや回診は、事柄の性質上、附属病院救急科において患者の診療を行っている医局員を対象とするが、その余の指導教育は、大学や附属病院に籍を置くか否かにかかわらず、医局員である医師に等しく行われ得るものである。）、医局員に対する教授の指導教育は、診療科部長を兼務する大学教授が行う本来の職務たる指導教育権限を基礎としつつも、それに包摂されない部分を含むという意味において、これとは別の医局の主宰者たる地位に基づくものといえる。したがって、①の所論は採用できない。次に、②について検討するに、原判決も指摘する医局の歴史的、発生的背景、医局構成員に対する医学の教育、研究、医療技術の習得等といった医局の存在意義、目的、機能、医局が存在し、活動する場所が大学の臨床医学教室及び附属病院の診療科と同一の場所であること、その構成員も、大学の臨床医学教室及び附属病院の診療科とほぼ重なり、上下関係もほとんど共通すること、医局が大学の臨床医学教室及び附属病院の診療科に対応して存在し、診療科の部長を兼ねる教授を中心としつつも、教授の交代に影響されず、当該教室及び診療科と結び付いて存続する組織であること、さらに、従前から一部に医局の存在しない臨床医学の分野が存在し、また、近時、医局を廃止する大学も出てきたとはいえ、なお、多くの大学の医学部・附属病院に医局が存在しており、医師の教育、指導、医学の研究等に大きな役割を果たしていること、医局の主宰者である教授や医局を構成する医師らは、これまで医局と大学の臨床医学教室及び大学附属病院の診療科を截然と区別することなく、これらを一体のものとして運営してきたことなどに照らすと、医局は、大学の臨床医学教室及び附属病院の診療科と密接不可分の関係にあり、部外者から見れば大学の臨床医学教室ないし附属病院診療科の一部であるかのような外観を呈しているというべきであって、所論のように、大学や附属病院とは関係のない私的で任意な団体であると解することは、やはり事の実態にそぐわないといわざるを得ない。したがって、②の所論も採用できない。

続いて、所論は、医局に属する医師を関連病院に派遣することは教育を目的としたものではなく、医局の主宰者である教授の教育指導の一環でもない、と主張する。しかしながら、大学病院においては、その性格、各診療科のベッド数、あるいは、医局に在籍する医師の数等、種々の制約から、その症例に偏りが見られ、特に、若手の医師については、自らの責任において診療を行う機会や執刀等をする機会に恵まれないこと、それゆえ、特に若手の医師に対し、自らの責任で患者を診療し、その診療方針を決定し、あるいは、執刀し、術後管理を行うなどの経験を積み重ねる機会を与える必要があり、そのために、医局において、若手の医師を関連病院に派遣していること、そして、派遣先での診療行為が極めて有益であるということなどは、事件関係者である医師らの多くが供述しているところである。特に、附属病院救急科のようにベッド数が少なく、かつ重篤な患者が多い分野では、その必要性が強い。さらに、医局に属する医師に認定医、専門医の資格を取得させるためには、その症例数を調整する必要もある。そして、医局の主宰者である教授は、上記の事情も考慮して、若手の医師を関連病院に派遣しているのであるから、医師の派遣が他面において生活の糧を得させることにあるとしても、一面において、若手医師に対する教育指導にあることは否定できない。山形において、関連病院への派遣を含めた若手医師の教育指導カリキュラムを組み、その医局では、これに従った教育指導がされていること、医師の関連病院への派遣が「教育出張」なども呼ばれていることは、この間の事情を物語っているといえる。所論は、附属病院の総ベッド数、年間入院患者延べ数、年間外来患者延べ数等を挙げて、大学に在籍する医師の臨床トレーニング、自己研鑽をするに必要な各種の症例を確保できるはずであると主張するが、各診療科のベッド数、患者の態様、医局に在籍する医師の数等はまちまちであり、上記医師らの供述に照らすと、附属病院全体としてのベッド数や患者数を挙げて臨床研修等に必要な症例があるはずであるなどと断言することはできない。次に、一定程度の経験を積んだ医師の関連病院への派遣についても、上記医師らの供述によれば、原判決が指摘するとおり、若手医師を指導しつつ、チーム医療に要求される他のスタッフを使える能力、自分一人の力で難局を切り開いていく応用力や判断力を身に付けさせるという側面があることは否定できないのであって、この点に、指導、教育の目的を認めることができる。もとより、一定程度の経験を積んだ医師が行うことであれば、これらの医師の派遣に指導教育目的を認めることが、患者をモルモット扱いすることになるなどとはいえない。また、所論は、関連病院に派遣された個々の医師の名前を挙げて、その派遣が実際には指導教育の一環となっていないとも主張するが、医師の派遣一般に指導教育の目的が認められる以上、仮に個別具体的な派遣において指導教育の実を上げ得なくとも、その目的が否定されるわけではない。さらに、一定程度の経験を積んだ医師を派遣する関連病院に、当該医局から若手の医師が派遣されている場合には、医局の先輩として若手医師を教育指導することも可能になる。また、経験を積んだ医師の派遣が地域医療への貢献という奈良医大の理念に適うことも原判決が指摘するとおりである。したがって、この所論も採用できない。

さらにまた、所論は、医局の主宰者である教授が行う医師の派遣行為が、臨床医学教室教授兼診療科部長の本来の職務に密接な関係を有するいわば準職務行為又は事実上所管する行為として職務関連性を有するとした原判決の判断に対し、医師の派遣行為は、職業安定法等に違反する違法で社会的相当性を欠く行為であるから、職務に密接な関係を有する行為とはいえない、と主張する。

しかしながら、医師が、高度の専門的知識、技量を必要とする職業であること、医局における医師の派遣は、その教育指導の目的でも行われていること、派遣される医師は、その派遣中においても、当該医局を構成する医師に変わりはないこと、また、医師の派遣にはローテーションを組まれており、派遣された医師は、1か所、ないし、数か所の関連病院における勤務で臨床経験を積み、医療技術を習得した後、再び大学の臨床医学教室ないし附属病院診療科に戻って医学の研究を行うことが予定されていること、さらに、医師の派遣は、地域医療の向上にも寄与していることなどを考慮すると、医師の派遣が、ただちに職業安定法等の規定に違反する違法で社会的に相当性を欠く行為といえるかについては、疑問があるというべきである。いずれにしても、原判決も指摘するとおり、当該行為を適法に行い得るか否かという問題と職務関連性の問題とは次元を異にするというべきであるから、この点の所論も採用できない。

　このほか、所論が縷々主張する点を検討しても、医師の派遣行為が奈良医大救急医学教室教授兼附属病院診療科部長であった山形の本来の職務と密接な関連を有する行為であるとして職務関連性を肯定し、原判示第1、第2の各犯行について刑法１９８条を適用した原判決に事実誤認、法令適用の誤りはない。したがって、この論旨も理由がない。

（なお、原判決は、その「法令の適用」の項において、原判示第1の罪につき、前記のとおり、振込送金額の差異等を根拠に別表番号1ないし9と同10ないし28の二つに分け、それぞれを包括して2罪の贈賄罪が成立すると解しているが、別表各記載の振込送金が単一の犯意のもとに継続して行われたことからすれば、原判示第1の罪については、別表番号1ないし28の全体を包括して贈賄罪1罪が成立すると解すべきである。しかし、この点は、判決に影響を及ぼさない。）

　よって、刑訴法３９６条により本件控訴を棄却することとし、主文のとおり判決する。

平成15年12月19日

大阪高等裁判所第3刑事部

裁判長裁判官　今井俊介

裁判官　宮崎英一

裁判官　難波　宏

あとがき

私の遭遇した奈良医大事件は当時の新聞、テレビの取扱いは別にして小さな刑事事件であった。咎められた行為から既に約九年になる。立件されてから七年である。私は人を信じて司法を信じて真摯に事実を訴えて闘いを続けたと思う。取調べも仕方がないと思った。彼等は真実を知らないのだから。

しかし、判決文を読んでこれは許せないと思った。裁判官の無知と無責任は尋常ではない。それでも彼等に対する思いは抑えた。二審があると思ったからである。しかし二審の判決文は一審よりひどかった。決して高等裁判所の判決文ではなかった。それでも最高裁があると思った。最高裁は憲法違反と判例違反の審理しかしない。したがって事実認定の審理はないということを、この時聞いた。しかし白鳥事件以来四大死刑冤罪事件もあったではないかとわずかな期待も混ざって上告に至った。最高裁は無能か？書類審査しかないのに二年近くもかかっている。

私の上梓した本は判決批判であるから裁判官に対する私の判決である。私の裁判に関わった裁判官は全員懲戒免職に相当する。

もちろん私の経験、見聞きした司法は大阪地検特捜部が扱った刑事事件であり、それも贈収賄というごくありふれた日常的とも言っていいくらいの事件であった。五五〇万円の贈与という欺瞞は別として、この事件の大きさから考えて日本司法制度を云々するほど重要な事件か？　そんな小さな事件で日本の司法を診断することはできないという反論もでてこよう。

しかし私の事件は刑事否認事件であった。これは社会の安定と人権尊重という司法の大きな課題を論ずるには典型的かつ最重要な司法領域である。

なぜなら否認事件の刑事裁判は諸《もろ》に国家権力と個人の闘いだからである。司法制度が異なるアメリカの例をそのまま持ち出すことができないにしても、かの国の裁判は逮捕に始まり予備審問、大陪審の審査、答弁取引、罪状認否の過程を経て、最終的に到達するのが陪審裁判であり、ここまで来るのは否認事件だけであるといってもいい。これが刑事事件全体の五％くらいだと言われている。残りの九五％はそれまでの手続や司法過程で有罪の答弁等を行い事件は終了する。したがってアメリカでは通常、裁判とは否認事件を扱った陪審裁判を指す。否認事件裁判こそその国の司法の使命を預かった裁判であり、その国の司法の名誉も責任もここで問われるわけである。私の経験した奈良医大事件は事件としては大きくなくとも、日本の刑事司法の実態を知る上で決して小さいものではなかったと確信している。

有罪判決を受けた被告人として実に残念なことは、審理中はもちろん判決が出るまで裁判官の思考や判断を知ることができないことである。当然、彼等の能力についても部分的以外に捉える機会はない。彼等の判断力を知るのはほぼ判決文によってである。

私は、私の裁判を担当した一審から三審までの裁判官に対して怒りと侮蔑の感情を抑えることができない。彼らは「法の番人」ではなく、「法匪」という名のほうが似つかわしい。営みも正業とは言えないだろう。袴田事件の熊本典道元判事のように、後になって自分は無罪意見であったと告白した例もあるので、全ての裁判官がそうであると決めつけてはいけないかもしれない。しかし、私の立場からは彼等を区分けすることはできない。

私はこの本で日本司法の惨状を明らかにできたと思う。特に裁判官の実態と能力については読者は充分理解されただろう。

私は浅学を省みず、真実を明らかにするだけではなく、司法の批判にまで及んでしまった。出来栄えは別として、このような記述は誰かがしなければならなかったと思う。

日本の裁判は、とても裁判といえるものではない。少なくとも、欧米諸国がとっくの昔に到達した近代司法に遠く及ばない。

二〇〇七(平成一九)年一二月吉日

奈良医大贈収賄事件　年表

一九九二（平成四）年　九月　水沢、山崎病院勤務を開始。

一九九七（平成九）年　四月一日　東朋香芝病院開設。

八月四日　東朋香芝病院幹部、奈良医大救急医学教室教室員と焼肉屋で会食。

九月九日　川島教授訪問、二〇万円相当の商品券を渡す（後日郵送にて返却）。

一一月二八日　山形、石田、水沢、料理店「深川」で会食。

一九九八（平成一〇）年一月　「救急医学講座代表山形幸治」宛、月額一〇万円の振込み開始。

三月二〇日　川島教授訪問、三〇万円を渡そうとしたが、川島教授は受取りを拒否。

四月　奈良医大救急医学教室から非常勤医師二名派遣。以降常勤、非常勤変更、交替を含めて漸次増加。

七月　水沢、東朋香芝病院での週一日のパート勤務開始。

同月　「救急医学講座代表山形幸治」宛の振込みが月額二〇万円に増加。

九月二一日　小谷院長、九月二〇日付退職届提出。

一一月一九日　水沢、東朋香芝病院に常勤勤務開始。

一二月一七日　水沢、山形教授に五〇万円、川島教授に二〇万円相当の商品券供与。川島教授、受取り謝絶。

同月　南海大学に面会依頼。

同月下旬　奈良医大脳外科医局長に教授面談依頼、数日後取下げ。

一九九九（平成一一）年二月一〇日　南海大学訪問。

三月一八日　石田、南海大学教授と面談。

同月三一日　小谷、花村（脳外科医師）退職。
四月七日　南海大学脳外科より週一日のパート勤務開始。
六月二五日　石田、奈良県庁訪問。
九月三日　水沢、南海大学教授と会食。
一〇月　水沢、退職。以降一一月から翌年三月までパート勤務。
一二月二日　南海大学より翌年四月からの常勤派遣中止の連絡。
同月八日　石田、「派遣中止」確認のため南海大学訪問、教授と面談。
同月　「講座代表山形幸治」口座への振込みを中止、「山形幸吉」個人口座への月額二〇万円の振込み開始。

二〇〇〇（平成一二）年三月　山形、奈良医大退職。
四月　山形、大阪市内の病院に就職。
一一月一日　山形、収賄容疑で逮捕。山崎病院山崎広助院長、贈賄容疑で逮捕。
同月九日　石田、贈賄容疑で逮捕。
一二月二〇日　石田、保釈。

二〇〇一（平成一三）年二月二六日　第一回公判。
二〇〇二（平成一四）年九月三〇日　第一審判決（懲役一年六月、執行猶予三年）。
二〇〇四（平成一六）年一月二六日　控訴審判決（控訴棄却）。
二〇〇六（平成一八）年一月二三日　上告審判決（上告棄却）。
二〇〇七（平成一九）年三月一四日　石田、九カ月間医師免許停止処分。

解説　「精密司法」という名の冤罪生産システム

土屋公献　（弁護士）

世にいう「冤罪」は、有名な四大冤罪事件や最近の例（強姦罪の刑が確定し服役中に真犯人が現れたために、改めて無罪判決を受けた富山事件等）のように、犯人の取り違えの場合ばかりではない。その行為が犯罪を構成しないのに、これを有罪として刑を科するという場合も立派な冤罪である。起訴された九九％ものケースが有罪判決を受けるという異常な日本の刑事司法の現状を見るとき、この本に紹介されるような冤罪はまさに氷山の一角に過ぎないと思われ、不当捜査・不当判決の犠牲者の数の夥しさを痛感せざるを得ない。

著者石田文之祐医師の事件は、贈賄罪というありふれたケースであるが、この一例は決して無視できない教訓を与えてくれる。

＊

著者が犯人とされた一連の行為を要約すると次のとおりである。

自ら経営する東朋香芝病院は、一般中小病院がそうであるように医師不足に悩んでおり、大学病院の医局から医師を派遣して貰うことが是非とも必要であった。仲介者水沢昭市を通じ、奈良医大の有力者、山形幸治教授（公務員）に若手医師の派遣を依頼し、その見返りとして派遣医師への報酬のほかに、一人につき月額一〇万円を医局に寄付することを約し、

①著者は、山形教授の用意した「研究費等寄付金承諾申請書」に寄付者として住所氏名を記入して提出し、平成一〇年一月より一一年一一月までの間、指定された「救急医学講座代表山形幸治」口座へ、月額一〇万円、後に二〇万円、計四二〇万円を送金した。

②平成一〇年一二月、仲介者水沢から「大学関係者らに併せて五〇万円程の歳暮を渡したい」との申し出を受け、著者は十数名の関係者に渡るものと判断して経理担当者に対し、水沢に五〇万円を預けるよう指示した（実は山形一人に渡された）。

③山形教授から病院事務長に、従来の振込口座だと、現金の引出し限度が一回五万円以下とされ更に引出しに日数がかかって不便なので、次回から「山形幸治」口座宛に送金するよう依頼があり、担当者は、山形の週一回の診療報酬とは別立てで、二〇万円を給料扱いとして源泉徴収税を控除のうえ、平成一一年一二月から一二年三月までの四カ月間計八〇万円を従来同様の寄付のつもりで送金した（この点著者の認識と少しくい違うが）。

以上の事実には、いずれも贈賄の認識がなく、贈賄罪に当たらないことは明白である。ところが著者の行為を、検察官は、要約すると次のような犯罪として扱い起訴し、更に一審、控訴審、上告審の各裁判官はいずれも起訴状どおりの有罪判決を下した。

被告人石田は、山形個人に対し、

一、厚誼への謝礼と期待の趣旨で、平成一〇年一月一二日ころから一二年三月二八日まで救急医学講座代表山形名義のA銀行支店及びB銀行支店の同人名義の個人口座に合計五〇〇万円を振り込んで賄賂を供与した。

二、水沢と共謀のうえ、同様の趣旨で、平成一二年一二月下旬ころ現金五〇万円を賄賂として供与した。

賄賂罪の基本条文である刑法一九七条は、「公務員が、その職務に関し、賄賂を収受し、又はその要求若しくは約束をしたときは、五年以下の懲役に処する」と規定する。贈賄については、刑法一九八条に規定されている。収賄罪が成立するためには、受け取る側が公務員であり、その職務に関して「賄賂を」受け取ることが必要である。

この事件では、前述したように、金銭を受け取った山形教授が公務員であることと金銭の授受の事実はあきらかである。但し、金銭の授受に関して、受け取った山形教授と渡した著者とは、賄賂性の認識が異なる。著者はあくまでも、寄付金であったとの認識である。したがって、著者は、一審・控訴審とも、この賄賂性の認識(故意)を争った(医局医師による医師派遣の職務権限が公務員の「職務に関し」ているかどうかについては、あとで触れるように最高裁まで争った)。

検察は本来、本件においては、山形教授のみを、著者から受け取った奈良医大救急医学研究室へ渡すべき寄付金を自己使用したということで横領罪、あるいは寄付金と偽って自己の口座へ振り込ませたということで詐欺罪として立件すべきではなかったか。著者を贈賄罪で立件することには初めから無理があるというべきである。

また、この事件は、医局医師を派遣した医師の行為が賄賂罪の職務行為にあたるかどうかを判断した、はじめての最高裁判決として、判例評釈（たとえば、中森喜彦「医局医師の派遣行為につき賄賂罪における職務関連性が認められた事例」〔ジュリスト臨時増刊・平成一八年度重要判例解説〕、松宮孝明「医員派遣に関する汚職」〔別冊ジュリスト・医事法判例百選〕など）で、紹介されている。

この最高裁判決は、職務行為にあたるかどうかについて、法令上根拠のない医局に属する医師を派遣する行為を職務密接関連行為と認定したが（一審・控訴審もほぼ同じ判断）、政治家の職務密接関連行為をはじめて認定したロッキード事件最高裁判決を踏襲したものである。職務の公正と社会一般の信頼を要求される政治家の場合に、とくに職務密接関連行為として職務権限の範囲を拡大することはやむを得ないとしても、医局医師の派遣行為にまで拡大することは、処罰範囲をいたずらに拡大するもので、罪刑法定主義に反するものと思われる。

著者は、自己の名誉にかけて最高裁まで無罪を主張して闘ったが、結局敗訴したのである（懲役一年六月、執行猶予三年で確定）。

この本は、敗訴者の単なるボヤキではない。これは日本の刑事司法の現状に対する怒り（公憤）であり、鋭い批判であり、改革への真摯な切望なのである。

*

読者はまず、第三部「有罪の構成の問題点」と第四部「日本司法の惨状——二大要因」から読んで欲しい。

そして、そこに記された悲痛な叫びと鋭いメスとに接した後、序章からの事件の経過を丹念に辿って貰う方が解り易いと思う。

著者のいうように日本の刑事司法は、救い難い程の危機状態にある。警察の思い込み捜査、密室取調べでの自白強要、黙秘権の無視、争うかぎり保釈を認めない「人質司法」、権力で入手した検察手持証拠の秘匿、共犯者の抱き込み、調書裁判（公判廷の供述より密室での供述〔作文〕調書の重視）、司法行政による裁判官への人事的圧力、挙証責任の逆転、有罪志向裁判官の育成、判検交流等々。これらが「精密司法」の名で、誇らし気に罷り通っている冤罪生産システムなのである。

本来の鉄則である「疑わしきは被告人の利益に」とか無罪推定とかが形骸化しており、依然「自白は証拠の女王」であり、法廷での公開主義は儀式と化し、口頭主義、直接主義、当事者主義も建前だけで影を潜めてしまっている。そこへ、裁判員を捲き込んで儀式に参加させようという制度が「司法への国民参加」の名のもとに行われようとしている。真の国民参加は陪審制度以外にはあり得ない。これによってこそ前述の弊害のほとんどが解消され、冤罪が防げるようになるのである。

＊

私自身、長い間の刑事弁護経験の中で、いやという程、検察官と裁判官の癒着ぶり、裁判官の有罪志向ぶりに出逢い、どれ程口惜しい思いをしたことか数え切れない。

被告人に有利な証言をする証人や、被告人自身に対し、検察官の行う反対尋問の二倍以上の時間を費して「補充尋問」の名のもとに執拗な反対尋問を繰返す裁判官が多いことを見ても、その実態が明らかである。

中には、非常に良心的な裁判官に接することがあり、その訴訟指揮の姿勢や判決内容（必ずしも無罪とは限らないが）に敬服することもあるが、私はその都度、同裁判官の今後の人事処遇について憂慮してしまう。

私が司法修習生であった頃（昭和三〇年代の前半）、刑事裁判教官（判事）であった青木英五郎先生は、むしろ、冤罪が如何にして、作られるかについて熱心に講義をされ、それに沿ういくつかの著書を出された。現今の趨勢と比較して今昔の感に堪えない。


（つちや・こうけん／元日本弁護士連合会会長）

石田文之祐（いしだ・ぶんのすけ）
1940（昭和15）年兵庫県生まれ
1967（昭和42）年　兵庫県立神戸医科大学卒業
1969（昭和44）年　神戸検疫所勤務
1974（昭和49）年　清恵会病院勤務
1977（昭和52）年　兵庫医科大学第二外科入局
1981（昭和56）年　東朋病院開設
1992（平成４）年　医療法人気象会理事長就任
2001（平成13）年　同理事長退任
2007（平成19）年　陪審制度を復活する会共同代表就任
著書に『えん罪を生む裁判員制度――陪審裁判の復活に向けて』（共著、現代人文社、2007〔平成19〕年）がある。

【連絡先】陪審制度を復活する会
〒530-0047 大阪市北区西天満３-８-13 大阪司法ビル301 樺島法律事務所内
Tel：06-6365-1847　Fax：06-6365-1822
メール：m-kaba@kabashima-law.jp

冤罪司法《えんざいしほう》の砦《とりで》！　ある医師《いし》の挑戦《ちょうせん》
奈良医大贈収賄事件

2007年12月25日　第１版第１刷

著　者　　石田文之祐

編集協力　水野裕隆

発行人　　成澤壽信
編集人　　北井大輔
発行所　　株式会社現代人文社
〒160-0004　東京都新宿区四谷２-10　八ッ橋ビル７階
Tel：03-5379-0307
Fax：03-5379-5388
メール：henshu@genjin.jp（代表）、hanbai@genjin.jp（販売）
Web：www.genjin.jp
発売所　　株式会社大学図書
印刷所　　星野精版印刷株式会社
装　画　　榊原一樹
装　丁　　Malpu Design（清水良洋＋黒瀬章夫）

検印省略　Printed in Japan
ISBN 978-4-87798-360-4 C0036

◎本書の一部あるいは全部を無断で複写・転載・転訳載などをすること、または磁気媒体等に入力することは、法律で認められた場合を除き、著作者および出版者の権利の侵害となりますので、これらの行為をする場合には、あらかじめ小社または著者に承諾を求めて下さい。
◎落丁・乱丁本は送料小社負担でお取り換えいたします。